NIKOLA KRESTONOSICH CELIS

# EN UN CAMPO DE FRONTERAS DIFUSAS: ENSAYOS Y FRAGMENTOS

CARACAS, 2015

Sofía Greaves, Editora
Caracas/Venezuela/2015

ISBN-13: 978-1514280256
ISBN-10: 1514280256

Para Ezra Heymann, Fernando Rodríguez y
Gustavo Sarmiento

"Lo importante es contar con un alma que ame la verdad y
que la asimile donde quiera que la encuentre... Además, dijo
Goethe, el mundo es ya tan viejo, tantos hombres eminentes
han vivido y pensado ya por miles de años, que es poco lo
nuevo que queda por ser descubierto o expresado... Mi
mérito consiste en que también la he encontrado, en que la
he expresado de nuevo y en que me he esforzado por exponer
la verdad una vez más ante un mundo que permanece
confuso."

*Conversaciones de Goethe con Johannes Peter Eckermann*,
martes, 16 de diciembre de 1828

# Contenido

# Prefacio

EL PRESENTE VOLUMEN RECOGE TODOS LOS TEXTOS DE NATURALEZA FILOSÓFICA que escribí alrededor de la primera década de los dos mil. Todos, esto es, salvo aquéllos en los que me esforzado por comprender la obra de algún filósofo en particular.

Para un autor que comenta o reflexiona sobre los textos que escribió en su temprana juventud, resulta un lugar común enfatizar lo mucho que sus opiniones han cambiado y tratar de forma condescendiente al joven cuyas obras relee. Bien es cierto que, al momento de releer estas páginas, he sentido algo que se deja describir por las palabras que los autores han dejado escritas para tal efecto, pero, siendo sincero, no ha sido esto lo que más ha llamado mi atención. He aceptado, desde hace tiempo ya, que lo natural es que nuestras opiniones cambien, pero lo que aún no deja de sorprenderme es lo poco que intervenimos en ese proceso, la poca relevancia que tenemos a lo hora de decidir qué es transitorio y qué es definitivo en nuestro pensamiento. Lo que a la larga resulta constante o transitorio no responde a nuestros deseos y no falsean menos el proceso aquéllos que enfatizan la transitoriedad de nuestras opiniones que aquéllos que artificialmente se empeñan en impartir doctrinas y hacer calzar la realidad a un esquema preconcebido.

Por otra parte, ciertamente no puedo afirmar que esté completamente de acuerdo con todas las afirmaciones que pueblan el presente volumen.

De hecho, pienso que muchas de ellas requieren, quizás no una rectificación, pero sí ser suavizadas o matizadas a la luz de otras cosas que he comprendido luego de haberlas puesto por escrito. Mentiría, sin embargo, si dijera que la corrección de este volumen fue un proceso desagradable. En general, he aceptado con resignación la persona que fui al momento de escribir estas páginas. Con resignación, esto es, como quien acepta algo que simplemente le ha acaecido y sobre lo que no tiene ya control.

Caracas, abril de 2015

# ASPECTOS FILOSÓFICOS EN LA OBRA DE JORGE LUIS BORGES

# PREFACIO

> ...no sabemos todo lo que sabemos o todas las opiniones que profesamos... No sé si estoy de acuerdo con todo aquello que registran puntualmente estas páginas; reconocerse es una de las artes que no acabamos nunca de aprender.
>
> —J.L. Borges

TODOS LOS HOMBRES ESTABLECEN UN CONJUNTO DE IDEAS, OPINIONES Y creencias que le facilita el trato con la realidad. En ese conjunto convergen, entre otras cosas, creencias religiosas, preferencias políticas y estéticas, así como múltiples opiniones sobre los hechos más diversos. En un primer momento, el oficio del filósofo se presenta como una actividad que busca analizar las cosas dividiéndolas y clasificándolas de acuerdo a ciertas categorías: Platón divide el cosmos entre las ideas eternas y los hechos particulares; Aristóteles clasifica los objetos en base a su metafísica de la sustancia; Descartes reparte los fenómenos entre una *res extensa* y una pensante. El resultado de esta actividad, sin embargo, no se diferencia tanto como se ha creído de aquellos conjuntos de ideas, opiniones y creencias que se establecen en la mente del hombre común, puesto que las doctrinas que surgen de esta actividad tienen también por finalidad facilitarle al filósofo su trato con las cosas, lo único que parece diferenciarlas es el esfuerzo que conscientemente realiza el filósofo por mantener un orden claro y estricto entre todos los elementos heterogéneos que las conforman.

Pero estos conjuntos de ideas, opiniones y creencias, tanto los que sostienen espontáneamente los hombres comunes como los que son fruto del esfuerzo reflexivo de los filósofos, corren una suerte paradójica, si bien su finalidad es facilitar el trato con la realidad, muchas veces ayudan más bien a que se pierda contacto con ella. Las personas y los filósofos, luego de un trato prolongado con estos sistemas de coordenadas, se acostumbran tanto a su presencia y a su utilidad que comienza a sentir que estos conjuntos no son producto de un proceso de interacción entre múltiples factores que involucra su individualidad, la sociedad en la que se desenvuelven y las cosas que pueblan el mundo, sino que son más bien un producto directo y espontáneo de la realidad. Es en este punto, precisamente, donde creo que la obra de Borges puede sernos de gran ayuda, ella nos recuerda que las distinciones y clasificaciones que gobiernan nuestra vida no siempre se ajustan a la naturaleza de las cosas y son un poco ficticias, que la realidad es ambigua y que nuestras ideas, opiniones y creencias tienden siempre a la rigidez. La obra de Borges nos recuerda, en fin, que trabajamos a tientas en un universo fluido y cambiante.[1]

Al menos ésa fue la lección que me toco aprender al momento de escribir estas páginas.

---

[1] JLB, OP, *Historia de la noche*, Epílogo, 563.

# La obra, la imagen del mundo y el personaje

CUALQUIER OBRA CREADA POR UN ARTISTA ES, A LA VEZ, UN OBJETO PARTICUlar, un símbolo de la imagen del mundo que el artista ha forjado y la revelación de un personaje que ha hecho de sí mismo.

Lo primero que llama la atención, cuando se reflexiona sobre la creación artística, es su relación directa con algún material. Las características de la escultura surgen del trato de los escultores con la piedra y el bronce. Las cualidades de la música son una consecuencia del contacto de los músicos con los sonidos y las notas. El carácter de la pintura se ha moldeado a la luz de las experiencias que los diversos pintores han tenido con los colores. La literatura se define por la forma como los poetas y escritores se relacionan con el lenguaje.

El término "materia" hace referencia, en una de sus acepciones, a una entidad que resiste los designios de la voluntad y del espíritu, a un objeto insubordinado a nuestros deseos. Partiendo de esta acepción puede afirmarse que el arte se presenta, en una primera instancia, como el esfuerzo que hacen algunos individuos por dar forma a algo que les ofrece resistencia. En este primer sentido, el esfuerzo del artista que busca la belleza no se diferencia radicalmente de los esfuerzos del inventor o del artesano que buscan la comodidad y el bienestar, pues de lo que se trata es de subordinar la naturaleza a los deseos y a las necesidades humanas.[1]

---

[1] "Todas las actividades humanas pueden asumir formas que le brindan valores estéticos. El grito o la

Estas afirmaciones son ciertas, pero un análisis más detallado de los fenómenos artísticos revela que son también afirmaciones parciales y que, si se hace de ellas la base de una visión general del arte, se corre el riesgo de reducir la creación artística a un esfuerzo técnico que busca satisfacer los impulsos formales de nuestro espíritu. Al señalar exclusivamente la relación que las diversas artes guardan con sus respectivos materiales, al olvidarse de las otras múltiples relaciones que pueden establecer con el mundo y las cosas, la labor del escultor se agotaría en la silenciosa figura que ha impreso sobre el mármol; la del pintor, en la serie de trazos que ha plasmado sobre el lienzo; la del músico, en una combinación agradable de notas y sonidos.

Y si estas opiniones a favor del formalismo resultan erradas en lo que respecta a cada una de estas artes, ellas lo son aún más cuando son aplicadas en el terreno de la literatura. Las notas y los sonidos, la luz y los colores, la piedra y el metal son entidades externas que se prestan a un tratamiento exclusivamente formal en el cual no se establezca ninguna relación con el mundo interior de los hombres, pero el lenguaje, si bien es cierto que tiene también sus leyes y dinámicas objetivas, se encuentra entremezclado de tal forma con nuestro espíritu que se hace imposible dar cuenta de los fenómenos literarios desde una perspectiva exclusivamente formal:

---

palabra, por sí solos, no poseen necesariamente elementos de belleza, y si los poseen es sólo de forma accidental. Los movimientos violentos y desenfrenados producidos por diversos estímulos, los esfuerzos de la caza y los movimientos requeridos por las ocupaciones cotidianas son meros reflejos determinados por la práctica y no están ligados directamente a un interés estético. La misma situación encontramos entre las actividades industriales. Embadurnar de pintura, tallar la madera o el hueso, moldear la piedra no llevan necesariamente a resultados que provocan nuestra admiración en vista de su belleza. Sin embargo, todas estas cosas pueden asumir valores estéticos. Movimientos rítmicos del cuerpo o de los objetos, formas que atraen al ojo, secuencias de tonos o formas de hablar que complacen al oído, producen efectos artísticos. Las sensaciones musculares, visuales y auditivas son las cosas que nos brindan un placer estético y por ello constituyen el material con el que el arte tiene que trabajar... ¿Qué es, entonces, aquéllos que le brinda a las sensaciones un valor estético? Cuando el tratamiento técnico ha alcanzado un cierto nivel de excelencia, cuando el control de los procesos involucrados es tal que se producen ciertas formas típicas, entonces, llamamos a ese proceso un arte, y sin importar lo simple que puedan ser esas formas, ellas pueden ser juzgadas desde el punto de vista de la perfección formal; esfuerzos técnicos como cortar, tallar, moldear, tejer, así como, cantar, danzar y cocinar pueden alcanzar la excelencia técnica y formas fijas, y el juicio en torno a la perfección técnica es esencialmente un juicio estético." (Franz Boas, *Primitive Art*, 9-10. La traducción es mía)

> Los que adolecen de esa superstición [*la de creer que la literatura es sólo un juego formal*] entienden por estilo no la eficacia o ineficacia de una página, sino las habilidades aparentes del escritor: sus comparaciones, su acústica, los episodios de su puntuación y de su sintaxis. Son indiferentes a la propia convicción o propia emoción: buscan tecniquerías (...) que le informarían si lo escrito tiene el derecho o no de agradarles... no se fijan en la eficacia del mecanismo, sino en la disposición de las partes. Subordinan la emoción a la ética, a una etiqueta indiscutida más bien. Se ha generalizado tanto esa inhibición que ya no van quedando lectores, en el sentido ingenuo de la palabra, sino que todos son críticos potenciales.[2]

Toda visión del arte en general, y de la literatura en particular, que tome solamente en cuenta el elemento formal es, por tanto, una visión incompleta. Es cierto, toda obra artística requiere de un alto nivel artesanía y todo artista debe esforzarse por alcanzar la perfección técnica, pero no debe olvidarse que el arte requiere también de otro tipo de esfuerzos y que el artista, ante todo, debe ejercitarse en el trato con lo real.

Ningún hecho, ningún acontecimiento, ninguna palabra habla por sí sola y fuera de un contexto, todo lo que hacemos tiene sentido porque forma parte de la totalidad de nuestra vida y podemos interpretar cualquier evento porque suponemos que forma parte del orden cósmico.[3] Una obra artística tiene sentido porque forma parte de la realidad, porque el artista expresa en ella una imagen de esa realidad y porque la persona que la contempla la relaciona con el resto de su vida. Una escultura, un cuadro o una sinfonía adquiere su sentido de la época en que fue realizada, de la época en que es contemplada, del sentimiento que

---

[2] JLB, OC, *Discusión*, "La supersticiosa ética del lector", 202.

[3] Un hecho aislado es incomprensible, tal parece ser el sentido de un párrafo chino donde se nos dice que si estuviéramos frente a un unicornio, animal sobrenatural, no podríamos reconocerlo: "Se trata de un apólogo de Han Yu, prosista del siglo IX, y consta en la admirable *Anthologie raisonnée de la littérature chinoise* (1948) de Margouliè. Éste es el párrafo que marqué, misterioso y tranquilo: «Universalmente se admite que el unicornio es un ser sobrenatural y de buen agüero; así lo declaran las odas, los anales, las biografías de varones ilustres y otros textos cuya autoridad es indiscutible. Hasta los párvulos y las mujeres del pueblo saben que el unicornio constituye un presagio favorable. Pero este animal no figura entre los animales domésticos, no siempre es fácil encontrarlo, no se presta a una clasificación. No es como el caballo o el toro, el lobo o el ciervo. En tales condiciones, podríamos estar frente al unicornio y no sabríamos con seguridad que lo es. Sabemos que tal animal con crin es caballo y que tal animal con cuernos es toro. No sabemos cómo es el unicornio.»" (JLB, OC, *Otras inquisiciones*, "Kafka y sus precursores", 710) Cf. "He intentado, no sé con qué fortuna, la redacción de cuentos directos. No me atrevo a afirmar que son sencillos; no hay en la tierra una sola página, una sola palabra, que lo sea, ya que todas postulan el universo, cuyo más notorio atributo es la complejidad." (JLB, OC, *El informe de Brodie*, Prólogo, 1021)

encuentra en ella su expresión, de la serie de acontecimientos que ella representa y, no de otra forma, ocurre con la obra literaria, ella no se agota en la serie de palabras que se encuentran en la página, puesto que sólo comprendemos una página cuando la introducimos en el contexto del libro, el libro cuando lo relacionamos con su autor, el autor cuando lo introducimos en el contexto del mundo:

> La concepción de la literatura como juego formal conduce, en el mejor de los casos, al buen trabajo del período o de la estrofa, a un decoro artesano (...), y en el peor a las incomodidades de una obra hecha de sorpresas dictadas por la vanidad y el azar... Si la literatura no fuera más que un álgebra verbal, cualquiera podría producir cualquier libro, a fuerza de ensayar variaciones. La lapidaria fórmula *Todo fluye* abrevia en dos palabras la filosofía de Heráclito: Raimundo Lulio nos diría que, dada la primera, basta ensayar los verbos intransitivos para descubrir la segunda y obtener, gracias al metódico azar, esa filosofía, y otras muchísimas. Cabría responder que la fórmula obtenida por eliminación, carecería de valor y hasta de sentido; para que tenga alguna virtud debemos concebirla en función de Heráclito, en función de una experiencia de Heráclito, aunque 'Heráclito' no sea otra cosa que el presumible sujeto de esa experiencia.[4]

Sin embargo, así como al señalar las relaciones que las diversas artes guardan con lo material se corre el riesgo de hacer de ellas un pobre juego formal, ahora, al mencionar las relaciones que guardan con la realidad, se corre el riesgo de suponer que las obras de arte se agotan en las vivencias que las generan y no son otra cosa que un apéndice de la vida de los artistas: las relaciones que la obras de arte guardan con la realidad son más complejas que la simple anécdota o el vacío formalismo.

El artista contempla lo real para luego moldearlo en una obra, pero, por más que lo desee, no puede abarcar toda la realidad, el mundo es una fuente de infinita vivencias y él, como todos los hombres, es sólo un individuo particular y finito. La naturaleza misma del proceso artístico lo coloca, entonces, ante la necesidad de seleccionar ciertas vivencias y experiencias que luego serán la base fundamental de sus obras. Todo

---

[4] JLB, OC, *Otras inquisiciones*, "Nota sobre (hacia) Bernard Shaw", 747-748.

artista toma del universo una pequeña muestra que le sirve como símbolo de la totalidad de las cosas y de ese modo forma, irremediablemente, una visión, una imagen particular del mundo; su trabajo no consiste, por lo tanto, en simplemente darle forma a un material, bien sea este la piedra o el lenguaje, en función de una realidad establecida de antemano, sino que al mismo tiempo que moldea sus diversas obras, va también moldeando paulatinamente una imagen de la realidad. Sus obras no expresan una realidad independiente de él, sino más bien una imagen de la realidad que es también creación suya.

Creo que es lícito afirmar que las observaciones sobre la creación artística que hemos realizado hasta ahora no son novedosas, sino que más bien aclaran lo que la mayoría de las personas piensa sobre el arte de una manera confusa. Sin embargo, en ese proceso donde, por un lado, el autor moldea el mundo según sus necesidades estéticas y, por otro, se expresa en una colección de diversas obras concretas, existe otra faceta, otro aspecto que, las más de las veces, pasa desapercibido: en el proceso de creación artística, a la par que el artista describe una visión particular de la realidad y crea obras donde esa visión queda plasmada, va también moldeando y creando un personaje de sí mismo.

De la misma forma como el mundo que el artista describe no es equivalente al mundo real que comienza más allá de la página, a pesar de que en muchas ocasiones puede llegar a confundirse con él, el autor que se revela en la obra no es exactamente la persona que se sienta detrás del escritorio con la pluma en la mano. El mismo proceso que lleva al artista a seleccionar el material y los aspectos del mundo que va a trabajar, lo lleva también a escoger ciertos aspectos de su carácter o de su personalidad y a dejar de lado muchos otros. Cualquier objeto o cualquier obra creada por un artista es a la vez un ente físico particular, un símbolo de la imagen del mundo que el artista ha forjado y la revelación de un personaje que ha ido creando de sí mismo y el juicio que podamos formar sobre el valor de esa obra de arte depende, en gran medida, de la interacción entre estos tres elementos.

Quizá haya sido Borges uno de los pocos escritores que ha percibido con claridad esta faceta de la creación artística, que ha sentido con mayor fuerza la importancia que tiene el personaje que el autor ha creado de sí mismo en el proceso de contemplación y comprensión de una obra de arte:

> Aproximar el nombre de Whitman al de Paul Valéry es, a primera vista, una operación arbitraria y (lo que es peor) inepta. Valéry es símbolo de infinitas destrezas pero asimismo de infinitos escrúpulos; Whitman, de una casi incoherente pero titánica vocación de felicidad; Valéry ilustremente personifica los laberintos del espíritu; Whitman, las interjecciones del cuerpo. Valéry es símbolo de Europa y de su delicado crepúsculo; Whitman, de la mañana de América. El orbe entero de la literatura parece no admitir dos aplicaciones más antagónicas del término "poeta". Un hecho, sin embargo, los une: la obra de los dos es menos preciosa como poesía que como signo de un poeta ejemplar... Whitman redactó sus rapsodias en función de un yo imaginario, formado parcialmente de él mismo, parcialmente de cada uno de sus lectores... Uno de los propósitos de las composiciones de Whitman es definir a un hombre posible —Walt Whitman— de ilimitada y negligente felicidad; no menos hiperbólico, no menos ilusorio, es el hombre que definen las composiciones de Valéry. Éste no magnifica, como aquél, las capacidades humanas de la filantropía, de fervor y de dicha; magnifica las virtudes mentales.[5]

Quizás también haya sido uno de los pocos autores que ha tenido una clara conciencia de su propio personaje:

> Al otro, a Borges es a quien le ocurren las cosas. Yo camino por Buenos Aires y me demoro, acaso ya mecánicamente, para mirar el arco de un zaguán y la puerta cancel; de Borges tengo noticias por el correo y veo su nombre en una terna de profesores o en un diccionario biográfico. Me gustan los relojes de arena, los mapas, la tipografía del siglo XVIII, las etimologías, el sabor del café y la prosa de Stevenson; el otro comparte esas preferencias, pero de un modo vanidoso que las convierte en atributos de un actor. Sería exagerado afirmar que nuestra relación es hostil; yo vivo, yo me dejo vivir, para que Borges pueda tramar su literatura y esa literatura me justifica. Nada me cuesta confesar que ha logrado ciertas páginas válidas, pero esas páginas no me pueden salvar quizá porque lo bueno ya no es de

---

[5] OC, *Otras inquisiciones*, "Valéry como símbolo", 686. Cf. "Tres suertes puede correr un libro de versos: puede ser adjudicado al olvido, puede no dejar una sola línea pero sí una imagen total del hombre que lo hizo, puede legar a las antologías unos pocos poemas." (OP, Prólogo, 14)

nadie, ni siquiera del otro, sino del lenguaje o la tradición. Por lo demás, yo estoy destinado a perderme, definitivamente, y sólo algún instante de mí podrá sobrevivir en el otro. Poco a poco voy cediéndole todo, aunque me consta su perversa costumbre de falsear y magnificar. Spinoza entendió que todas las cosas quieren perseverar en su ser; la piedra eternamente quiere ser piedra y el tigre un tigre. Yo he de quedar en Borges, no en mí (si es que alguien soy), pero me reconozco menos en sus libros que en muchos otros o que en el laborioso rasgueo de una guitarra. Hace años traté de librarme de él y pasé de las mitologías del arrabal a los juegos con el tiempo y con lo infinito, pero esos juegos son de Borges ahora y tendré que idear otras cosas. Así mi vida es una fuga y todo lo pierdo y todo es del olvido, o del otro.

No sé cuál de los dos escribe esta página.[6]

No parece aventurado suponer que muchas de las riquezas que encontramos en la obra de Borges se deben, precisamente, a este personaje que paulatinamente fue creando de sí mismo.

---

[6] OC, *El hacedor*, "Borges y yo", 808. Cf. "En cuanto a mí... Sé que este libro misceláneo que el azar fue dejándome a lo largo de 1976, en el yermo universitario de East Lansing y en mi recobrado país, no valdrá mucho más ni mucho menos que los anteriores volúmenes. Este módico vaticinio, que nada nos cuesta admitir, me depara una suerte de impunidad. Puedo consentirme algunos caprichos ya que no me juzgarán por el texto sino por la imagen indefinida pero suficientemente precisa que se tiene de mí." (OP, *La moneda de hierro*, Prólogo, 475-476)

## ENTRETEJER GRATAMENTE ESOS DOS PROCESOS

SI LE PRESTAMOS UN POCO DE ATENCIÓN A LA HISTORIA DE LA FILOSOFÍA, NO tardaremos en darnos cuenta de que los filósofos de distintas épocas y latitudes se han esforzado en distinguir dos formas fundamentales de conocer las cosas:

> Si se comparan entre sí las definiciones de la metafísica y las concepciones de lo absoluto, percibimos que los filósofos están de acuerdo, a pesar de sus aparentes divergencias, en distinguir dos maneras profundamente diferentes de conocer una cosa. La primera implica que se gira en torno a esta cosa; la segunda que se entre en ella. La primera depende del punto de vista del que la mira y de los símbolos por los que se expresa. La segunda no depende de ningún punto de vista y no se apoya sobre ningún símbolo. Del primer conocimiento se dirá que se atiene a lo relativo; del segundo, dentro de lo posible, que alcanza lo absoluto.[1]

Cuando hablamos de la primera forma de conocimiento decimos que es un conocimiento abstracto, cuando nos referimos a la segunda, decimos que es un conocimiento intuitivo. Los instrumentos mediante los cuales el conocimiento intuitivo se hace patente son, generalmente, las metáforas y las imágenes poéticas; los medios a través de los cuales el conocimiento abstracto se expresa son las definiciones o las fórmulas. El conocimiento intuitivo es más concreto e intenso que el conocimiento abstracto; pero el

---

[1] Bergson, *El pensamiento y lo* moviente,147–148.

conocimiento abstracto tiene mayores posibilidades de ser comunicado y de ser enseñado.

Si partimos del tipo de conocimiento que los autores pretenden alcanzar, éstos pueden dividirse en pensadores intuitivos y pensadores abstractos. Si sólo nos atenemos a los instrumentos que utilizan para pensar y expresarse, los autores pueden dividirse entre los que piensan por conceptos y los que piensan por imágenes. Generalmente, los pensadores intuitivos son artistas o místicos, los pensadores abstractos, en cambio, tienden a la filosofía o a la ciencia. Leibniz o Kant ejemplifican al pensador abstracto, Byron o Keats, al pensador intuitivo.

Ahora bien, para que esta clasificación de autores resulte fructífera, es necesario hacer algunas aclaratorias. En primer lugar, esta clasificación no debe entenderse de un modo absoluto, ella no tiene por fundamento una diferencia radical entre estos dos tipos de autores, sino más bien el énfasis que todo autor le brinda a una u otra de estas formas de pensar.[2] En segundo lugar, no deben confundirse las intuiciones que gobiernan la obra del pensador intuitivo con aquéllas que nos guían en los entornos cotidianos. En la mayor parte de nuestras vidas nos movemos sin procesos reflexivos, ayudados por una especie de intuición de las cosas. Sin embargo, no son éstas el tipo de nociones que gobiernan la obra del pensador intuitivo, sus intuiciones, como los conceptos del pensador abstracto, son nociones que aparecen en un segundo nivel; así como casi nadie es capaz de pensar con la claridad conceptual de Kant, de la misma forma, casi nadie es capaz de pensar con la certidumbre intuitiva de Shakespeare o de Víctor Hugo. En tercer lugar, debemos permanecer fieles a la definición general de intuición sin plegarnos a ninguno de los sentidos particulares que se le han brindado. A lo largo de la historia de la filosofía,

---

[2] El mismo Borges realiza esta aclaratoria: "He hablado mucho, he hablado demasiado, sobre la poesía como brusco don del Espíritu, sobre el pensamiento como una actividad de la mente; he visto en Verlaine el ejemplo de puro poeta lírico; en Emerson, de poeta intelectual. Creo ahora que en todos los poetas que merecen ser releídos ambos elementos coexisten. ¿Cómo clasificar a Shakespeare o a Dante?" (OP, *Cuaderno San Martín*, Prólogo, 89)

la intuición ha sido definida como la compresión inmediata de un objeto, como una relación cognoscitiva donde el sujeto capta el objeto sin tener que pasar por un proceso discursivo, pero el sentido que cada filósofo le ha brindado a esta definición ha sido bastante diferente; para Platón se intuyen las ideas; para Descartes, las verdades claras y distintas; para Kant la intuición casi se confunde con la percepción. Para que la clasificación de autores que hemos realizado tenga sentido, tenemos que entender por intuición la relación directa en el sentido más amplio, como la experiencia íntima que un pensador puede llegar a tener de una idea o un fenómeno.

Habiendo realizado estas aclaratorias, podemos, entonces, plantear la pregunta: ¿a qué clase de pensador pertenece Borges?, fue Borges ¿un pensador intuitivo o uno abstracto? La pregunta no es arbitraria y parece ser el punto donde converge gran parte de la literatura crítica sobre su obra:

> De ser válida la partición, ¿dónde cae Borges? ¿Escritor cuyo pensamiento avanza entre abstracciones o sólo un productor de imágenes? Quizá sea menester inventar la categoría intermedia para él: escritor capaz de imaginar abstracciones, de dar vida imaginativa a filosofemas, de convertir en ficción prodigiosa sequizos conceptos. Hay mucho de caso único en Borges, escritor filosófico.[3]

> En toda la obra borgiana encontramos, indistintamente, una corriente de emotividad y la pausa de una lucidez que no por ello deja de ser menos dominante, persuasiva y aun comprometedora. ¿Borges filósofo, pensador? Si lo es —y en cierto sentido no hay por qué dudarlo—, lo es también en toda su obra.[4]

Al reducir la obra de Borges a sus elementos fundamentales, es difícil no darse cuenta de que gira alrededor de unos pocos temas filosóficos y de unos cuantos filósofos; sin embargo, algo impide que lo llamemos filósofo. La finalidad del pensador abstracto es la creación de un sistema

---

[3] Juan Nuño, *La filosofía de Borges*, 9.
[4] Guillermo Sucre, *Borges el poeta*, 18.

conceptual que exprese con suficiente fidelidad el mundo que le rodea; esto es lo que el filósofo intenta hacer cuando le busca solución a los problemas de la metafísica, de la ética, de la estética; esto es lo que hicieron, a pesar de las aparentes divergencias, Descartes, Leibniz y Kant. Visto el asunto de la filosofía desde esta perspectiva, es cierto que Borges, a pesar de su afición por los problemas metafísicos y teológicos, no es un filósofo, un pensador abstracto, puesto que sus nociones filosóficas se reducen a una serie, más o menos clara, de ideas sobre los problemas de la filosofía que tienen la consistencia del gusto personal, pero no la coherencia de una doctrina filosófica conscientemente elaborada. Además, está claro que su propósito nunca fue trazar un esquema de su experiencia del mundo o encontrar soluciones a problemas filosóficos, para él la filosofía fue, más bien, una de las canteras de dónde sacó material para realizar parte de su obra:

> Yo quería repetir que no profeso ningún sistema filosófico, salvo, aquí podría coincidir con Chesterton, el sistema de la perplejidad (...) Yo no tengo ninguna teoría del mundo. En general, como yo he usado los diversos sistemas metafísicos y teológicos con fines literarios, los lectores han creído que yo profesaba esos sistemas, cuando realmente lo único que he hecho es aprovecharlos para esos fines, nada más.[5]

Sábato y Nuño han dicho que Borges es un escritor de escritores, quizás con esto intentaron decir que tampoco puede ser considerado un escritor típico, un pensador meramente intuitivo. Los elementos filosóficos son tratados por Borges de un modo literario, en cambio, los elementos pertenecientes a la literatura son tratados desde una perspectiva que trasciende el punto de vista propiamente literario: un hombre de letras toma una metáfora o un argumento y lo utiliza para desarrollar una obra; Borges también lo utiliza, pero indaga sobre los fundamentos de esos elementos. La mayoría de los escritores se esfuerzan por establecer una relación entre su obra y la vida o entre su obra y el mundo donde las ideas

---

[5] Citado por Juan Nuño en *La filosofía de Borges*, 12.

de la literatura y la filosofía están siempre ausentes o, en todo caso, cuando aparecen lo hacen de manera accidental y accesoria. Las obras de Borges brindan la sensación contraria, ellas brindan la sensación de que él escribe desde la literatura, de que él se relaciona directamente con la filosofía. Mientras los otros escritores intentan mostrar en sus obras el mundo en un "estado puro", Borges representa el mundo visto desde una teoría metafísica, teológica o literaria; él escribe pensando en la literatura y cada decisión literaria que toma lo hace llevando el peso de la literatura sobre sus hombros.[6] Es esta conciencia de la literatura y de la naturaleza de la obra literaria que está presente en cada una de sus mejores páginas lo que, quizás, produce la impresión de Borges como un escritor filosófico.

La obra de Borges no puede ser, entonces, colocada en ninguna de las dos categorías que hemos expuesto más arriba, si la colocamos en una de ellas, sentimos que perdemos muchos de sus aspectos más importantes. Consciente de este problema, Nuño intenta solucionarlo diciendo que Borges es un escritor capaz de imaginar conceptos, de dar vida a abstracciones, pero esta caracterización no parece más afortunada que las dos anteriores, pues con ella no logra captarse la peculiaridad de la obra de Borges ni puede explicarse su esencial ambigüedad. Con esta caracterización, además, se corre el riesgo de hacer creer que la labor de Borges ha sido conseguir buenas imágenes para ciertos conceptos y que su obra no es otra cosa que una gran parábola, una gran adivinanza donde él, en vez de exponer el concepto de una forma directa, estructura varias imágenes para que el lector se esfuerce por descubrir ese concepto.

Entre el autor que se mueve por medio de abstracciones y aquél que lo hace a través de intuiciones existe un tercer tipo de autor. Este tipo de

---

[6] "Vida y muerte le han faltado a mi vida. De esa indigencia, mi laborioso amor por estas minucias" (OC, *Discusión*, Prólogo, 177); "Spinoza entendió que todas las cosas quieren perseverar en su ser; la piedra eternamente quiere ser piedra y el tigre un tigre. Yo he de quedar en Borges, no en mí (si es que alguien soy), pero me reconozco menos en sus libros que en muchos otros o que en el laborioso rasgueo de una guitarra" (OC, *El hacedor*, "Borges y yo", 808); "Pocas cosas me han ocurrido y muchas he leído. Mejor dicho: pocas cosas me han ocurrido más dignas de memoria que el pensamiento de Schopenhauer o la música verbal de Inglaterra." (OC, *El hacedor*, Epílogo, 854)

pensador no hace un esfuerzo consciente por sintetizar la filosofía y la literatura; su pensamiento se mueve, inocentemente y sin esfuerzo, en estas dos direcciones, como si su espíritu estuviese estructurado para utilizar las herramientas de ambas. Estos pensadores sienten que no existe un límite real entre la filosofía y la literatura, consideran ilusoria la división entre abstracción e intuición: donde otro hubiera puesto una imagen ellos han colocado un concepto, donde otro hubiese empleado un concepto ellos revelan una imagen. Reconocen que un concepto puede tener tanta belleza como una imagen y ésta tanto conocimiento como aquél, por lo que no es extraño encontrar conceptos como complementos estéticos en sus piezas narrativas o poéticas y, en sus ensayos, poderosas imágenes como herramientas argumentativas.[7] Sabemos que la obra de Kant es filosofía porque es creación de un filósofo y que la de Byron es literatura porque es obra de un poeta. Las páginas de Borges desafían la clasificación porque denotan la esencial ambigüedad de su autor:

> Al cabo de los años, he comprendido que me está vedado ensayar la cadencia mágica, la curiosa metáfora, la interjección, la obra sabiamente gobernada o de largo aliento. Mi suerte es lo que suele denominarse poesía intelectual. La palabra es casi un oxímoron; el intelecto (la vigilia) piensa por medio de abstracciones, la poesía (el sueño), por medio de imágenes, de mitos o de sueños. La poesía intelectual debe entretejer gratamente esos dos procesos.[8]

---

[7] "La literatura es para Borges un único e incesante discurso que cada autor en su tiempo no hace sino retomar. Por ello sorprende ver que se quiera hacer de la obra borgiana —o de una parte de ella— algo inaccesible y raro, destinada «a lectores intelectuales, estudiosos de filosofía, casi especialistas en literatura». Cierto que Borges no hace concesiones y que es más bien exigente: no sólo por sus infinitas implicaciones, sino también por sus secretas referencias o alusiones cuyo sentido si no se comprende va en desmedro de la lectura y de una comunicación más profunda. Pero de ahí a suponer una suerte de ejercicio iniciático para poder disfrutarlo y ahondarlo, es ya confundir la naturaleza de su labor. No se trata de sus poemas, sino de sus relatos y de sus ensayos, dirán algunos críticos. Los relatos y los ensayos de Borges son tan comprensibles y asimilables como cualquiera de sus poemas, y no se crea que su poesía no encierra ciertos enigmas, aunque de otro signo. En aquéllos hay más premeditación, pero tal premeditación no falta tampoco en éstos. El Borges que reflexiona en sus relatos y ensayos es el mismo que medita ensimismada o fervorosamente en sus poemas. Incluso hay páginas de su prosa que se imponen más por cierto arrebato, cierto juego libre del pensamiento y de la sensibilidad; hay en ellas tanta pasión como en su poesía. La poesía de Borges no pierde, sino rara vez, su contención, su secreto rumor; su simplicidad puede a veces desorientar: hay en ella más profundidad de la que se cree." (Guillermo Sucre, *Borges el poeta*, 17)

[8] OP, *La cifra*, Prólogo, 571. Cf. "La doctrina romántica de una Musa que inspira a los poetas fue la que profesaron los clásicos; la doctrina clásica del poema como una operación de la inteligencia fue enunciada por

Refiriéndose a una historia de la literatura alemana que omitía a Arthur Schopenhauer y a Fritz Mauthner, Borges escribe que el término "filosofía" ha impedido a los críticos ver las obras de estos autores como esfuerzos literarios.[9] El reverso de esta frase puede aplicarse perfectamente a la relación de Borges con el pensamiento filosófico, la palabra "literatura" con la que primordialmente se le asocia ha impedido que los lectores vean en él un pensador con algo que aportar a la filosofía y a                    los                    filósofos.

---

un romántico, Poe, hacia 1.846. El hecho es paradójico. Fuera de unos casos aislados de inspiración onírica —el sueño del pastor que refiere Beda, el ilustre sueño de Coleridge—, es evidente que ambas doctrinas tienen una parte de verdad, salvo que corresponden a distintas etapas del proceso." (OP, *La rosa profunda*, Prólogo, 421)

[9] OC, *Discusión*, "Notas", 279.

## EL PLUMAJE TORNASOLADO DEL PAVO REAL

> El mundo, según Mallarmé, existe para un libro;
> según Bloy, somos versículos o palabras o letras
> de un libro mágico, y ese libro incesante es la
> única cosa que hay en el mundo: es, mejor dicho,
> el mundo.
>
> —J.L. Borges

LA PERSONA QUE SE INTERESE POR EL CONTENIDO FILOSÓFICO DE LA OBRA DE Jorge Luis Borges, y quiera formarse una idea adecuada sobre la imagen del mundo que aparece en sus páginas, tiene que enfrentarse necesariamente con dos problemas: uno, sus nociones filosóficas no están expuestas claramente; dos, esas mismas nociones están expuestas, las más de las veces, con citas de otros autores, como si Borges gustara de enmascarar su propio pensamiento con palabras de otros. Sólo acercándonos al segundo de estos problemas podremos dar cuenta del primero.

Todo pensamiento tiene unos supuestos, unas condiciones para que pueda ser expresado y comprendido; bien sean unas condiciones materiales, como el aire o la tinta de las palabras con que lo expresamos; bien sean, unos supuestos estrictamente conceptuales, como la posibilidad de comprender las definiciones que en él se expresan y relacionan. Pero todo pensamiento descansa, además, sobre una serie de principios que el pensador supone como algo dado y evidente a la hora de expresarse, sobre una suerte de posición conceptual inicial que el pensador da siempre por supuesta. Sin embargo, cuando un pensamiento pasa de las manos de un autor a las de otro, esos supuestos que resultan vitales en la obra del primero se quedan atrás y el pensamiento pasa a formar parte de un nuevo sistema de referencias, por lo que, incluso si las palabras con las que ese pensamiento se expresa sean exactamente las mismas, su sentido cambia.

El pensamiento de un autor es algo que no puede reducirse ni a las influencias que lo han impulsado ni a las palabras con que se ha expresado, su pensamiento es el sentido íntimo y personal que le otorga a cada una de las palabras y términos que utiliza. No importa que exprese sus ideas con palabras de otros, esas palabras no son más ajenas a su pensamiento que las que él mismo hubiese podido formular. Si quiere entenderse el pensamiento de Borges debe indagarse, por lo tanto, en las citas que utiliza para revelarnos su pensamiento para tratar de ver cuál es el sentido personal que él les otorga a esas palabras.

Juan Nuño a lo largo de su texto dedicado al pensamiento filosófico de Borges, sostiene que éste hunde sus raíces en el idealismo platónico.[1]

---

[1] El Prof. Juan Nuño sostiene literalmente lo siguiente: "Es un secreto a voces que el pensamiento de Borges se alimenta de una especie de platonismo o aplicación de la gran idea platónica de los dos mundos, el inteligible y el sensible y su decidida oposición, resuelta a favor del primero" (*La filosofía de Borges*, 12); "Si, aun contra una repetida modestia, se acepta hablar de la filosofía de Borges, ésta se podría reducir a un platonismo raigal. Quien cree que la verdadera realidad está en los Arquetipos, quien postula la primacía de lo genérico sobre lo individual, concreto, quien a la hora de intentar explicaciones de lo mudable y tornadizo tórnase a la seguridad de las esencias, por fuerza tiene que concebir el mundo de los sentidos como una suerte de alucinación y abrazar la fe idealista que termina por negar materia, sustancia, yo y causalidad, y aun intentar la descomunal hazaña de refutar el tiempo. Por buscar refugio en la modélica región de las Ideas, únicas e irrepetibles, resultarán aborrecibles los espejos y la cópula, multiplicadores de las imperfectas copias." (Ibid., 87) A pesar de la evidente falsedad de estas afirmaciones, es difícil no darse cuenta de que ellas dibujan, con alguna exactitud, la opinión que generalmente se tiene sobre el pensamiento de Borges y la que queda plasmada, con unas pocas excepciones, en la mayoría de la literatura secundaria. Entre esas pocas excepciones debe contarse los escritos del psicoanalista Fernando Yurman: "Berkeley, Hume, Schopenhauer inspiran a Borges en sus elucidaciones filosófico-literarias. El contacto con lo real, el sentido del tiempo, lo subjetivo, son inquietudes que nacieron y se fijaron en las corrientes filosóficas que ellos lideraron. Estas líneas de pensamiento tuvieron fuerte influencia en la enseñanza de la psicología a principios de siglo y también en Borges a través de su padre, profesor de la materia. Las discusiones formativas que mantenían acerca de si «el gusto pertenece a la naranja o al sujeto que la prueba» es considerada por el escritor como precursora de sus inquietudes filosóficas." (*Lo mudo y lo callado*, 189)

Sin embargo, sabemos con seguridad que esas raíces deben ser buscadas en el idealismo moderno:

> ...me interesa mucho la filosofía. Pero me he limitado a releer ciertos autores. Y esos autores son Berkeley, Hume y Schopenhauer. Y he descuidado a los demás. Por ejemplo, siempre he sido derrotado por Kant. Por Hegel, evidentemente, tan despreciado por Schopenhauer (...) Pero he leído y releído a Berkeley, Hume y Schopenhauer.[2]

En un ensayo sobre el paso de las alegorías a las novelas, Borges conjetura que las alegorías son el drama de los universales y de las ideas, mientras que las novelas son el drama de los individuos. Algo similar puede afirmarse en torno a la diferencia entre el idealismo platónico y el idealismo moderno, el de Platón es el idealismo de las ideas y el de los modernos es el de los individuos; el núcleo del primero es la dualidad arquetipo–individuo, el del segundo, la dualidad sujeto-objeto. Platón y sus seguidores sostienen que es la participación del mundo sensible en el mundo de las ideas lo que lo estructura y lo ordena; el idealista moderno percibe que el mundo es, en esencia, una relación entre el sujeto y el objeto. El idealista antiguo convencido de la realidad de las ideas cree encontrar en ellas el fundamento del universo; su homólogo moderno, convencido de la realidad de su propio pensamiento, hace de él la base del mundo.

El hombre puede acceder a conceptos abstractos o puede acceder a percepciones sensibles, los empiristas ingleses y Schopenhauer, representantes del idealismo moderno, sostuvieron que nuestro acceso al mundo es sólo a través de las últimas, pero también afirmaron que éstas no tienen la suficiente consistencia como para conformar por sí solas el mundo de la experiencia, que ellas necesitan la presencia de un principio que las ordene y organice; para los empiristas es la imaginación humana y sus principios de asociación de ideas los que aportan ese orden, para el

---

[2] *Borges el memorioso: conversaciones de Jorge Luis Borges con Antonio Carrizo*, 142.

autor de *El mundo como voluntad y representación* es el principio de razón y sus formas. Las denominaciones que le dan al principio que ordena el mundo de la experiencia son diferentes, incluso, las funciones que le asignan no son siempre idénticas, la idea es, sin embargo, fundamentalmente la misma: el mundo es algo que surge de la relación entre el sujeto y la sensación, las sensaciones modifican al sujeto, pero el sujeto modifica también las sensaciones y de esa interacción surgen nuestras experiencias.

Las ideas filosóficas de Borges son, sin embargo, todo menos puras y en sus textos los conceptos del empirismo inglés y de Schopenhauer se relacionan con la convicción, un tanto anacrónica, del mundo como un gran libro. Para los ingleses, para el autor de *Parerga und Paralipomena* alguna facultad humana ordena el mundo de la experiencia, para Borges esa facultad escribe el libro del mundo:

> ¿Sintió Borges alguna vez la discordia íntima de su suerte? Sospechamos que sí. Descreyó del libre albedrío y le complacía repetir esta sentencia de Carlyle: 'la historia universal es un texto que estamos obligados a leer y a escribir incesantemente y en el cual también nos escriben.'[3]

Postular que el mundo es un libro equivale a analogar las cualidades del mundo con las de un texto escrito, equivale a identificar el proceso de la experiencia con el de la lectura y, si antes decíamos que Borges no había expuesto claramente lo que pensaba acerca del mundo, afortunadamente sí plasmó en algunas de sus páginas su idea de libro:

> La literatura no es agotable, por la suficiente y simple razón de que un solo libro no lo es. El libro no es un ente incomunicado: es una relación, es un eje de innumerables relaciones. Una literatura difiere de otra, ulterior o anterior, menos por el texto que por la manera de ser leída: si me fuera otorgado leer cualquier página actual —ésta por ejemplo— como la leerán el año dos mil, yo sabría cómo será la literatura del año dos mil.[4]

---

[3] OC, Epílogo, 1145.
[4] OC, *Otras inquisiciones*, "Nota sobre (hacia) Bernard Shaw", 747.

El panteísta irlandés Escoto Erígena dijo que la Sagrada Escritura encierra un número infinito de sentidos y la comparó con el plumaje tornasolado del pavo real. Siglos después el cabalista español dijo que Dios hizo la Escritura para cada uno de los hombres de Israel y por consiguiente hay tantas Biblias como lectores de la Biblia... Cabe pensar que estas dos sentencias,..., son dos pruebas, de la imaginación celta la primera y de la imaginación oriental la segunda. Pero me atrevo a decir que son exactas, no sólo en lo referente a la Escritura sino en lo referente a cualquier libro digno de ser releído.[5]

La noción de libro que aparece en estos pasajes es el resultado de aplicar, con alguna rigurosidad, la tesis central del idealismo moderno a la literatura. El filósofo moderno concluye que la experiencia del mundo se conforma cuando el sujeto estructura la materia sensible, Borges conjetura que la lectura sólo es posible cuando el lector ordena los signos que aparecen en el texto escrito. Por lo general, los autores consideran que un libro tiene un sentido definido y basta leerlo con atención para dar con ese sentido; Berkeley y Hume eliminaron la noción de materia de sus filosofías porque no entendieron la necesidad de postular una entidad inaccesible más allá de las percepciones, Borges niega la idea de un libro con un significado independiente de las distintas lecturas que pueden realizarse de él. La mayoría de nosotros asume que lo importante de un libro es la escritura que encontramos en sus páginas, para Borges, en cambio, lo realmente importante son las lecturas heterogéneas que pueden realizarse de él. Así como la manzana sólo adquiere sabor cuando toca el paladar o como el árbol que cae sólo emite un sonido cuando alguien lo escucha, el libro únicamente adquiere sentido cuando una persona lo abre y lo lee:

Este prólogo podría denominarse la estética de Berkeley, no porque la haya profesado el metafísico irlandés—...—, sino porque aplica a las letras el argumento que éste aplicó a la realidad. El sabor de la manzana (declara Berkeley) está en el contacto de la fruta con el paladar, no en la fruta misma; análogamente (diría yo) la poesía está en el comercio del poema con el lector, no en la serie de símbolos que registran las páginas de un libro. Lo

---

[5] *Siete noches*, 101.

esencial es el hecho estético, el *thrill*, la modificación física que suscita cada lectura.[6]

Cuando otros autores sostienen la hipótesis del mundo como libro, significa que el mundo tiene un sentido, que cada hecho o acontecimiento presenciado es un signo, un símbolo que representa el significado oculto del universo.[7] Cuando Borges le da cabida a tal conjetura significa que el mundo tiene un sentido por cada individuo, que no existe un significado del mundo independiente del sentido que le brinda cada individuo. Significa, en última instancia, que el mundo tiene tantos sentidos como matices el plumaje tornasolado del pavo real.

Vemos, entonces, cómo el pensamiento de Borges se nutre del idealismo moderno pero no coincide íntegramente con él, al asimilar el concepto de experiencia al de lectura, Borges, quizá sin intención, amplía la noción de experiencia y se distancia del pensamiento de los filósofos modernos.

A pesar que el idealista moderno cree que el orden del mundo es aportado por el sujeto, no siente que ese orden es arbitrario o azaroso, pues considera que es producto de estructuras que están presentes en la mente de cada sujeto. No debemos suponer, como mucha gente ingenuamente hace, que esta organización del mundo de la experiencia es concebida como una labor que depende de la voluntad de los individuos, estas operaciones son concebidas como un proceso similar a la respiración, estructuras mentales ocultas a la conciencia actúan sobre el material bruto de las sensaciones y le dan una estructura constante. Ese mecanismo, esa operación constante e involuntaria es lo que el filósofo moderno considera esencial y es aquello que se esfuerza por develar, si Platón considera que el mundo es copia de la idea y por tanto inferior a

---

[6] OP, Prólogo, 13. Cf. OP, "Elogio de la sombra", Prólogo, 316.

[7] No es de extrañar, entonces, la presencia de esta creencia en círculos herméticos y en sectas esotéricas, los miembros de esos grupos serían los únicos capaces, los elegidos para desentrañar el enigmático sentido oculto en los hechos del mundo.

ella, el filósofo moderno considera que las ideas son copias de los objetos e inferiores a ellos, que los pensamientos, las reflexiones y las imaginaciones suponen el producto de los mecanismos que hacen que el mundo de la experiencia se manifieste en objetos organizados en espacio, tiempo y causalidad.

Toda experiencia es un compuesto entre la sensación que recibimos del exterior, previamente organizada por las estructuras de la mente humana, y aquello que pensamos de esa sensación. Para el filósofo moderno lo importante siempre serán los estímulos que recibimos del mundo exterior, las sensaciones organizadas en objetos; Borges se distancia del pensamiento de los modernos porque niega que la sensación sea lo más valioso de una experiencia. Leo en una de las páginas de *Otras inquisiciones* la siguiente definición de un clásico:

> Clásico no es un libro que necesariamente posee tales o cuales méritos; es un libro que las generaciones de los hombres, urgidas por diversas razones, leen con previo fervor y con una misteriosa lealtad.[8]

Borges no le resta importancia a la facultad que ordena el mundo de la experiencia, pero así como el carácter clásico de un libro no está en lo que un autor escribió o dejó de escribir, sino en la manera como las generaciones de individuos se relacionan con ese texto, lo más valioso de la experiencia no está en los datos perceptivos, sino en las construcciones que los individuos hacen con esos datos, en las interpretaciones que realizan de esas sensaciones y de esos objetos.

Si se nos obligara a definir en pocas palabras la posición del filósofo moderno respecto el mundo de la experiencia, nos veríamos forzados a decir que para él ese mundo es algo fatal y definitivo, un muro infranqueable, un destino que no puede ser burlado. Borges, en cambio, juega con la posibilidad de que el mundo de la experiencia no sea algo definitivo, de que sea sólo un punto de partida para que el sujeto piense,

---

[8] OC, *Otras inquisiciones*, "Sobre los clásicos", 773.

un estímulo para que la imaginación trabaje.[9] Los filósofos modernos nos enseñan nuestras múltiples limitaciones, Borges nos revela algunas de nuestras                                    posibilidades.

---

[9] "Pero no hablemos de hechos. Ya a nadie le importan los hechos. Son meros puntos de partida para la invención y el razonamiento." (*El libro de arena*, "Utopía de un hombre que está cansado", 128)

# El lenguaje y las menudas sabidurías

> El pensamiento aún tiene demasiado espacio
> libre al expresarse. He señalado con la punta de
> un bastón lo que debía señalar con la punta de
> una aguja.
>
> —G.C. Lichtenberg

Henri Bergson, en una conferencia pronunciada el 10 de Abril de 1.911, sostuvo que toda filosofía surge del choque entre una intuición individual y un lenguaje de signos universales.[1] Borges llega, a lo largo de su obra, a una idea semejante en el terreno de la literatura, el choque entre el mundo particular que cada uno de nosotros experimenta y el conjunto de signos compartidos que conforman el lenguaje es el problema al que debe enfrentarse toda literatura.

En páginas anteriores hemos expuesto lo que consideramos es la imagen del mundo que subyace a la mayor parte de la obra de Borges. Decíamos que, para él, el mundo de la experiencia tiene una estructura análoga a la de un libro y, así como todos los libros son conjuntos de múltiples lecturas, el mundo es un conjunto de múltiples percepciones y vivencias. Cada individuo tiene una "lectura" distinta del mundo y percibe una minúscula parte del universo que nadie ha percibido.[2] Sin embargo,

---

[1] Se trata de "La intuición filosófica", conferencia pronunciada en el congreso de filosofía de Bolonia de 1911 y recogida en *El pensamiento y lo moviente*, 101-120.

esa lectura, ese mundo de percepciones individuales es inexpresable porque el lenguaje está conformado por signos universales. Cuando expresamos con palabras un sentimiento o una percepción somos siempre imprecisos, pues ninguna palabra expresa cabalmente la cosa a la que hace referencia. Los hombres comparten el lenguaje, no el mundo al que hace referencia:

> ...la maravilla es acaso incomunicable: la luna de Bengala no es igual a la de Yemen, pero se deja describir con las mismas voces.[3]

Sin saber muy bien cómo ocurre todos íntimamente sentimos que el arte nos llega porque expresa algo. Sentimos, también, que la naturaleza de la experiencia estética es una y la misma en todas las artes y que las múltiples diferencias que existen entre ellas vienen dadas por el medio del que cada disciplina se vale: la escultura se expresa a través de materiales rígidos como la piedra y el bronce; la pintura, a través de los colores; la música, por los sonidos; la literatura por medio de la palabra. ¿Cómo, entonces, puede la literatura evadir la contradicción entre mundo y lenguaje?

Al escritor se le presentan dos posibilidades, o toma el bando del mundo y los objetos o toma el bando del lenguaje y los signos; el escritor romántico opta por lo primero, el clásico, por lo segundo.[4] El romántico intenta expresar el objeto a través del lenguaje, se propone expresar de manera precisa las sensaciones que el mundo produce en él y si el lenguaje se resiste lo hace estallar a fuerza de vivencias; su propósito es hacer una literatura desde la cosa misma, una literatura de parte de las

---

[2] "Me conmueven las menudas sabidurías/ que en todo fallecimiento se pierden/ —hábito de unos libros, de una llave, de un cuerpo entre/ los otros." (JLB, OP, *Cuaderno San Martín*, "La noche que en el Sur lo velaron", 101)

[3] JLB, OC, *El Aleph*, "La busca de Averroes", 584-585.

[4] "El romántico, en general con pobre fortuna, quiere incesantemente expresar; el clásico prescinde contadas veces de una petición de principio. Distraigo aquí de toda connotación histórica las palabras clásico y romántico; entiendo por ellas dos arquetipos del escritor (dos procederes)." (JLB, OC, *Discusión*, "La postulación de la realidad", 217)

cosas.[5] El clásico siente que la empresa del romántico es imposible, la contradicción entre sensaciones y lenguaje es infranqueable, el lenguaje es un conjunto de signos y esos signos están siempre más allá de la persona que los utiliza, por lo que su empresa consiste en describir los caracteres generales de una situación, de una experiencia e intenta una literatura donde lo esencial no son las vivencias del autor sino el lenguaje que describe tales vivencias:

> El autor [*clásico*] nos propone un juego de símbolos, organizados rigurosamente, sin duda, pero cuya animación eventual queda a cargo nuestro. No es realmente expresivo: se limita a describir una realidad, no a representarla. Los ricos hechos a cuya póstuma alusión nos convida, importaron cargadas experiencias, percepciones, reacciones; éstas pueden inferirse de su relato, pero no están en él. Dicho con mejor precisión: no escribe los primeros contactos de la realidad, sino su elaboración final en concepto.[6]

A lo largo de la mayor parte de su obra, Borges se muestra como alguien que considera que la respuesta clásica al problema de la expresión literaria es la más correcta,[7] hecho que al considerarlo con cierta atención postula una paradoja: si el arte es expresión y la literatura el arte de expresarse por la palabra ¿cómo es posible que la escritura que alude, que postula un hecho en vez de expresarlo detalladamente resulte eficaz?

Para movernos en el mundo no necesitamos de coordenadas tan precisas como creemos, olvidamos fácilmente los rostros de las personas y no nos damos cuenta de todo aquello que ocurre a nuestro alrededor. De

---

[5] Quizás valga la pena apuntar, como una curiosidad que otros también pudieran considerar interesante, que en el léxico que Borges utiliza al momento de escribir sus ensayos de crítica literaria, los términos "romántico" y "barroco" son casi sinónimos: "Yo diría que barroco es aquel estilo que deliberadamente agota (o quiere agotar) sus posibilidades y que linda con su propia caricatura... Barroco es el nombre de uno de los modos del silogismo; el siglo XVIII lo aplicó a determinados abusos de la arquitectura y de la pintura del siglo XVII; yo diría que es barroca la etapa final de todo arte, cuando este exhibe y dilapida sus medios." (OC, *Historia universal de la infamia*, Prólogo a la edición de 1954, 291)

[6] JLB, OC, *Discusión*, "La postulación de la realidad", 217-218.

[7] "Cuando era joven, yo creía en la expresión. Había leído a Croce y su lectura no me hizo bien. Quería expresarlo todo, pensaba, por ejemplo, que si necesitaba una puesta de sol yo encontraría la palabra perfecta, exacta para ello —o quizá la metáfora más sorprendente. Ahora he llegado a la conclusión (y quizá suene triste) que ya no creo en la expresión: sólo creo en la alusión... Pienso que sólo podemos aludir, sólo podemos intentar que el lector imagine." (*This Craft of Verse*, 117. La traducción es mía)

la abrumadora cantidad de detalles que se nos presentan a cada instante nos conformamos siempre con unos pocos, el color, la figura o cualquier otro hecho que llame nuestra atención. El método clásico de la literatura se siente más eficaz porque lo sentimos más afín a nuestra actitud natural:

> Yo aconsejaría esta hipótesis: la imprecisión es tolerable o verosímil en la literatura, porque a ella propendemos siempre en la realidad. La simplificación conceptual de estados complejos es muchas veces una operación instantánea. El hecho mismo de percibir, de atender, es de orden selectivo: toda atención, toda fijación de nuestra conciencia, comporta una deliberada omisión de lo no interesante. Vemos y oímos a través de recuerdos, de temores, de previsiones. En lo corporal, la inconciencia es una necesidad de los actos físicos. Nuestro cuerpo sabe articular este difícil párrafo, sabe tratar con escaleras, con nudos, con pasos a nivel, con ciudades, con ríos correntosos, con perros, sabe atravesar una calle sin que nos aniquile el tránsito, sabe engendrar, sabe respirar, sabe dormir, sabe tal vez matar: nuestro cuerpo, no nuestra inteligencia. Nuestro vivir es una serie de adaptaciones, vale decir, una educación del olvido.[8]

La mente platónica cree en las abstracciones y ve en ellas la esencia de lo real, la mente aristotélica cree en los individuos y sólo le otorga realidad a lo concreto.[9] Algo similar ocurre entre el escritor clásico y el escritor romántico; el primero cree en la unidad de la literatura y no en la pluralidad de los escritores; el segundo sólo cree en la personalidad y en las vivencias de los autores; para el romántico la literatura es un medio por el cual los individuos se expresan, para el clásico, en cambio, la literatura se materializa a través de los diferentes individuos. Marco Aurelio y Schopenhauer han descrito a la historia como un drama que cada cierto tiempo vuelve a repetirse; para la mente clásica la literatura es

---

[8] JLB, OC, *Discusión*, "La postulación de la realidad", 218.

[9] "Observa Coleridge que todos los hombres nacen aristotélicos o platónicos. Los últimos sienten que las clases, los órdenes y los géneros son realidades; los primeros que son generalizaciones; para estos, el lenguaje no es otra cosa que un aproximativo juego de símbolos; para aquellos es el mapa del universo. El platónico sabe que el universo es de algún modo un cosmos, un orden; ese orden para el aristotélico, puede ser un error o una ficción de nuestro conocimiento parcial. A través de las latitudes y de las épocas, los dos antagonistas inmortales cambian de dialecto y de nombre: uno es Parménides, Platón, Spinoza, Kant, Francis Bradley; el otro, Heráclito, Aristóteles, Locke, Hume, William James." (JLB, OC, *Otras inquisiciones*, "El ruiseñor de Keats", 718)

una porque, como la historia, los elementos que la conforman son siempre los mismos y se repiten una y otra vez; y es también por esto que consideran que los elementos de la literatura son completamente impersonales y constituyen un bien común.[10]

Llegado a este punto, considero lícito formular una hipótesis: quizá sea esta característica de la actitud clásica, junto a la lectura de algunas páginas de Schopenhauer y de Emerson, la raíz de una de las ideas más fecundas en la obra de Borges, me refiero a la conjetura de que las invenciones y las creaciones que el hombre puede realizar en la literatura o en la filosofía son muy pocas, pero que esas escasas invenciones son capaces de infinitas variaciones de forma tal que la historia de la literatura y de la filosofía no es más que el modo como los individuos de distintas épocas se han relacionado con ese puñado de invenciones:

> Dos tendencias he descubierto, al corregir las pruebas, en los misceláneos trabajos de este volumen. Una, a estimar las ideas religiosas o filosóficas por su valor estético y aun por lo que encierran de singular y maravilloso. Esto es, quizá, indicio de un escepticismo esencial. Otra, a presuponer (y a verificar) que el número de fábulas o de metáforas de que es capaz la imaginación de los hombres es limitado, pero esas contadas invenciones pueden ser todo para todos, como el Apóstol.[11]

No son escasas las páginas en las que Borges asoma esta conjetura, sin embargo, nunca expone claramente las razones que lo llevaron a sostenerla. La mayoría de los filósofos, sin importar la doctrina o la escuela que defiendan, están de acuerdo en reconocer que las cosas tienen una forma fundamental, un patrón mediante el cual se desarrollan y se

---

[10] "...otra de las marcas del clasicismo: la creencia de que una vez fraguada una imagen ésta constituye un bien público. Para el concepto clásico, la pluralidad de los hombres y de los tiempos es accesoria, la literatura es siempre una sola." (JLB, OC, *Discusión*, "La postulación de la realidad", 219); "...el panteísta que declara que la pluralidad de los autores es ilusoria, encuentra inesperado apoyo en el clasicista, según el cual la pluralidad importa muy poco. Para las mentes clásicas, la literatura es lo esencial, no los individuos. George Moore y James Joyce han incorporado en sus obras, páginas y sentencias ajenas; Oscar Wilde solía regalar argumentos para que otros los ejecutaran; ambas conductas, aunque superficialmente contrarias, pueden evidenciar un mismo sentido del arte. Un sentido ecuménico, impersonal..." (JLB, OC, *Otras inquisiciones*, "La flor de Coleridge", 641)

[11] OC, *Otras inquisiciones*, Epílogo, 775.

desenvuelven. Algunos dicen, por ejemplo, siguiendo una intuición de Goethe, que el patrón del mundo vegetal es la creación de la hoja y que todo lo demás que ocurre en el desarrollo de la planta no es sino variación de este impulso, y que los animales vertebrados, por su parte, no han hecho otra cosa que reproducir las vértebras y la espina dorsal, que todas las partes que conforman el desarrollo de un animal pueden ser entendidas a partir de esta idea.[12]

Esas pocas metáforas y argumentos que, según Borges, agotan la capacidad de invención del espíritu humano, no son un límite impuesto desde el exterior a la imaginación humana, son el patrón o la forma como la imaginación se manifiesta, son las hojas o las vértebras de la imaginación, símbolos en los cuales los hombres de distintos tiempos y lugares van vertiendo los más diversos contenidos y, como esos contenidos no son capaces de agotarlos, reaparecen una y otra vez como si fuesen una novedad:

> Todos propendemos a creer que la interpretación agota los símbolos. Nada más falso. Busco un ejemplo elemental: una adivinanza. Nadie ignora que a Edipo le interrogó la Esfinge: "¿Cuál es el animal que tiene cuatro patas en el alba, dos al mediodía y tres en la tarde?" Nadie tampoco ignora que Edipo respondió que era el hombre ¿Quién de nosotros no percibe inmediatamente que el desnudo concepto de hombre es inferior al mágico animal que deja entrever la pregunta y a la asimilación del hombre común a un monstruo variable y de setenta años a un día y del bastón del anciano a un tercer pie? Esa naturaleza plural es propia de todos los símbolos.[13]

---

[12] "La nutrición y la renovación incesantes no se diferencian de la generación, ni la excreción de la muerte, más que en el grado. La primera se manifiesta en su forma más sencilla y clara en la planta, ésta no es absolutamente más que la repetición constante de un mismo impulso, de su fibra más sencilla, que se agrupa en hojas y ramas. Es un agregado sistemático de plantas homogéneas que se sostienen unas a otras, y cuya única función es reproducirse indefinidamente. Para la satisfacción de esta tendencia se metamorfosea gradualmente en flor y en fruto, que son el compendio de su existencia, y de su esfuerzo" (Arthur Schopenhauer, *The World as Will and Representation*, t. I, 277. La traducción es mía); "...la naturaleza repite sus medios perpetuamente en planos sucesivos. Según el viejo aforismo, «la naturaleza es siempre semejante a sí misma». En la planta, la yema o botón germinativo se abre para convertirse en una hoja, y luego en otra hoja, que más tarde se transforma en radícula, estambre, pistilo, pétalo, bráctea, sépalo o semilla. Todo el arte de la planta consiste en repetir hoja y más hoja interminablemente, determinándose su forma por la mayor o menor cantidad de calor, de luz, de humedad y de alimento. En el animal, la naturaleza crea una vértebra, o una espina dorsal de vértebras, y luego otra espina, con un poder ilimitado para modificar su forma; y así produce espina tras espina hasta el fin del mundo." (Ralph Waldo Emerson, *Essays and Lectures*, 285. La traducción es mía)

[13] OC, *Discusión*, "Notas", 275.

...podríamos inferir que todas las formas tienen su virtud en sí mismas y no en un «contenido» conjetural... La música, los estados de felicidad, la mitología, las caras trabajadas por el tiempo, ciertos crepúsculos y ciertos lugares, quieren decirnos algo, o algo dijeron que no hubiéramos debido perder, o están por decir algo; esta inminencia de una revelación, que no se produce, es, quizá, el hecho estético.[14]

En un capítulo anterior hablábamos de la esencial ambigüedad de la obra de Jorge Luis Borges, ahora quizás nos encontramos en posición de ofrecer una explicación. Cierta tradición positivista, que ha echado hondas raíces en el pensamiento contemporáneo, nos ha acostumbrado a ver los símbolos como productos de una generalización o de una reflexión posterior a las distintas percepciones que reciben nuestros sentidos y que tienen por finalidad su unificación en conceptos. Las pocas invenciones o los pocos símbolos que, según Borges, pueblan la imaginación de los hombres, no son el resultado de un proceso de generalización o de abstracción, por el contrario, son una parte fundamental en el proceso por medio del cual la imaginación organiza el mundo, son relaciones que la imaginación naturalmente establece entre las cosas. Estas metáforas y estos argumentos inscritos en la imaginación de los hombres son anteriores a toda interpretación, son anteriores a la filosofía, a la literatura y a todas sus escuelas, por esta razón encontramos las mismas figuras, las mismas imágenes en sus distintas creaciones, por esta razón, estos símbolos fluyen libremente entre las líneas de los hombres de letras y de los filósofos, entre las páginas de los poetas, los dramaturgos y los

---

[14] OC, *Otras inquisiciones*, "La muralla y los libros", 635. Entre los críticos de la obra de Borges quizás el que ha tratado con mayor detalle este aspecto sea Guillermo Sucre: "Para Borges, la metáfora no vale por el asombro o la perplejidad que suscita. Ya hemos visto cómo señala lo que ha ocurrido con las *kenningar*: han perdido su intensidad porque han perdido la emoción que las originaba. De igual modo, la metáfora es tanto más persuasiva cuanto más profundamente traduce su necesidad, su estrecha relación con las grandes verdades del universo y del hombre. La metáfora no nace de la arbitrariedad, sino de la convicción... Los ultraístas no tenían sino una concepción puramente técnica, literaria de la metáfora. Borges la concibe como una necesidad metafísica. volver a las grandes combinaciones metafóricas de todos los tiempos, no es mero gusto anacrónico ni excesivo apego por el pasado; para Borges, es casi un imperativo de la creación misma: ellas nos revelan lo ineludible... si la naturaleza es un libro que contiene otra escritura más secreta y universal, las metáforas de los poetas están regidas por un orden que las trasciende. Han de ser, por ello, metáforas necesarias: no invención sino descubrimiento de ese orden... La voz del poeta, cuando es auténtica, ha de ser la voz del universo. Si éste es menos una copiosa realidad que formas esenciales, no puede ser enunciado sino por contadas imágenes también esenciales." (*Borges el poeta*, 43-45)

ensayistas. La obra de Borges es ambigua porque el autor intenta permanecer fiel al símbolo y no a las interpretaciones que de él se hacen, por eso flota a la deriva entre la filosofía y la literatura.

Afirmar que los símbolos no se confunden con su interpretación, que los signos superan su contenido, equivale a decir que son, hasta cierto punto, independientes de su materialización o de su realización. Quizás sea esta fidelidad hacia los símbolos lo que ha causado la impresión de Borges como un seguidor de Platón.[15]

---

[15] "Los doctores del Gran Vehículo enseñan que lo esencial del universo es la vacuidad. Tienen plena razón en lo referente a esa mínima parte del universo que es este libro. Patíbulos y piratas lo pueblan y la palabra 'infamia' aturde en el título, pero bajo los tumultos no hay nada. No es otra cosa que apariencia, que una superficie de imágenes; por eso mismo puede acaso agradar." (OC, *Historia universal de la infamia*, Prólogo a la edición de 1954, 177) "El ejercicio de las letras puede promover la ambición de construir un libro absoluto, un libro de los libros que incluya a todos como un arquetipo platónico, un objeto cuya virtud no aminoren los años... Yeats, hacia el año mil novecientos, buscó lo absoluto en el manejo de los símbolos que despertaran la memoria genérica, o gran Memoria, que late bajo las mentes individuales; cabría comparar esos símbolos con los ulteriores arquetipos de Jung." (OC, *Discusión*, "Nota sobre Walt Whitman", 249)

# EL MINUCIOSO PRESENTE

> ...describir con precisión lo que no sucedió
> nunca es, no solamente la verdadera ocupación
> del historiador, sino también el privilegio
> inalienable de todo hombre culto y de talento.
>
> —Oscar Wilde

ES PROBABLE QUE UNO DE LOS PROPÓSITOS DE LA OBRA DE JORGE LUIS Borges sea advertirnos que la imaginación está en el centro de todo conocimiento. En el siglo XIX, Schopenhauer y Nietzsche creyeron que todo conocimiento era expresión de una voluntad, Borges conjetura que todo saber humano es una creación de la imaginación; aquellos pensadores consideraron que las teorías y las hipótesis eran instrumentos de los impulsos y deseos de los hombres, Borges, las juzga instrumentos de su imaginación;[1] para los primeros el conocimiento expresa nuestros múltiples intereses, para el segundo, dibuja el modo como percibimos o intuimos la realidad.

No debe extrañarnos, por tanto, que a lo largo de su obra, Borges intente resaltar las similitudes entre las formas artísticas y las ramas del conocimiento, así como las formas artísticas no son más que esquemas

---

[1] "Quienes recorran este artículo, deben asimismo considerar que no registra sino las conclusiones de Runeberg, no su dialéctica y sus pruebas. Alguien observará que la conclusión precedió sin duda a las «pruebas» ¿Quién se resigna a buscar pruebas de algo no creído por él o cuya predica no le importa?" (OC, *Ficciones*, "Tres versiones de Judas", 514)

que se le brindan a un autor para que realice su obra, del mismo modo, las distintas ramas del conocimiento no hacen más que suministrarle al pensador una serie de reglas que le permiten guiar y moldear su creación.[2]

Como es de suponer, la historia y la metafísica no escaparon de esta suerte de esquema general del conocimiento humano.[3] Según este esquema, toda rama del saber es expresión de alguna idea de la imaginación y es precisamente esa idea la que debe servir como criterio a la hora de juzgar el valor de cada una de esas ramas. Borges desconfía del valor de la historia y de la metafísica porque siempre consideró que la idea que expresan es ilusoria, porque siempre sintió que simplifican, de forma injustificada, el problema del tiempo.

A pesar de sus aparentes diferencias, tanto la historia como la metafísica están ancladas al problema del tiempo; la primera porque intenta relatar y ordenar los hechos que ocupan la vida de los hombres, porque intenta entender el mecanismo por el cual esos hechos tuvieron lugar; la segunda, porque todas las invenciones que ha formulado intentan develar la estructura interna del mundo, aclarar el misterio de la sucesión y el devenir que lo constituyen.[4] Pero así como notamos que la historia y la metafísica tienen un enfoque distinto sobre el problema del tiempo,

---

[2] "Al término de tantos —y demasiados— años de ejercicio de la literatura, no profeso una estética. ¿A qué agregar a los límites naturales que nos impone el hábito los de una teoría cualquiera? Las teorías, como las convicciones de orden político o religioso, no son otra cosa que estímulos. Varían para cada escritor. Whitman tuvo razón al negar la rima; esa negación hubiera sido una insensatez en el caso de Hugo." (OP, *La rosa profunda*, Prólogo, 422-423)

[3] "Yo he compilado alguna vez una antología de la literatura fantástica. Admito que esa obra es de las poquísimas que un segundo Noé debería salvar de un segundo diluvio, pero delato la culpable omisión de los insospechados y mayores maestros del género: Parménides, Platón, Juan Escoto Erígena, Alberto Magno, Spinoza, Leibniz, Kant, Francis Bradley. En efecto, ¿qué son los prodigios de Wells o de Edgar Allan Poe —una flor que nos llega del porvenir, un muerto sometido a hipnosis— confrontados con la invención de Dios, con la teoría laboriosa de un ser que de algún modo es tres y que solitariamente perdura fuera del tiempo? ¿Qué es la piedra bezoar ante la armonía preestablecida, quién es el unicornio ante la Trinidad, quién es Lucio Apuleyo ante los multiplicadores de Buddhas del Gran Vehículo, qué son todas las noches de Sharazad junto a un argumento de Berkeley? He venerado la gradual invención de Dios; también el Infierno y el Cielo (una remuneración inmortal, un castigo inmortal) son admirables y curiosos designios de la imaginación de los hombres." (OC, *Discusión*, "Notas", 280-281.)

[4] "Es decir, el tiempo es un problema esencial. Quiero decir que no podemos prescindir del tiempo. Nuestra conciencia está continuamente pasando de un estado a otro, y ése es el tiempo: la sucesión. Creo que Henri Bergson dijo que el tiempo era el problema fundamental de la metafísica. Si se hubiera resuelto ese problema, se habría resuelto todo." (JLB, *Borges oral*, 84.)

tampoco podemos dejar de notar que, en la mayoría de los casos, ambas comparten la creencia en una cadena temporal que abarca todos los individuos y todas las acciones, una cadena donde cada momento ocupa un lugar específico que ningún otro momento puede llegar a ocupar. Para Borges, al igual que para otros tantos hombres, la vida humana no se rige por esas secuencias temporales trazadas por los historiadores y los metafísicos. Cada una de las experiencias que constituye la vida de los hombres se manifiesta en el presente y cada uno de esos momentos se muestra como independiente de aquellos que le preceden y de aquellos que le suceden.[5] La idea del tiempo como una cadena donde se eslabonan todos los acontecimientos y donde cada uno tiene un puesto inalienable es una creación posterior a los momentos que efectivamente conforman la vida de los hombres.[6] Nuestras ideas sobre el pasado y el futuro sólo plasman los intereses y las preocupaciones del presente, razón por la cual, todo ordenamiento que realicemos de los hechos tendrá siempre un tono artificial:

---

[5] "Plotino dice: hay tres tiempos, y los tres son presente. Uno es el presente actual, el momento en que hablo. Es decir, el momento en que hablé, porque ya ese momento pertenece al pasado. Y luego tenemos el otro que es el presente del pasado, que se llama memoria. Y el otro, el presente del porvenir, que viene a ser lo que imaginan nuestra esperanza y nuestro miedo." (Ibid., 87.)

[6] "Redactada en el siglo diecisiete, redactada por el 'ingenio lego' de Cervantes, esa enumeración es un mero elogio retórico de la historia. Menard, en cambio escribe: *...la verdad, cuya madre es la historia, émula del tiempo, depósito de las acciones, testigo de lo pasado, ejemplo y aviso de lo presente, advertencia de lo porvenir.* La historia, madre de la verdad; la idea es asombrosa. Menard, contemporáneo de William James, no define la historia como una indagación de la realidad sino como su origen. La verdad histórica, para él, no es lo que sucedió; es lo que juzgamos que sucedió. Las cláusulas finales —ejemplo y aviso de lo presente, advertencia de lo porvenir— son descaradamente pragmáticas." (OC, *Ficciones*, "Pierre Menard, autor del Quijote", 449)

Imaginemos un presente cualquiera. En una de las noches del Misisipí, Huckleberry Finn se despierta; la balsa perdida en la tiniebla parcial, prosigue río abajo; hace tal vez un poco de frío. Huckleberry Finn reconoce el manso ruido infatigable del agua; abre con negligencia los ojos; ve un vago número de estrellas, ve una raya indistinta que son los árboles; luego, se hunde en el sueño inmemorable como en un agua oscura. La metafísica idealista declara que añadir a esas percepciones una sustancia material (el objeto) y una sustancia espiritual (el sujeto) es aventurado en inútil; yo afirmo que no menos ilógico es pensar que son términos de una serie cuyo principio es tan inconcebible como su fin. Agregar al río y a la ribera percibidos por Huck la noción de otro río sustantivo de otra ribera, agregar otra percepción a esa red inmediata de percepciones, es, para el idealismo, injustificable; para mí, no es menos injustificable agregar una precisión cronológica: el hecho, por ejemplo, de que lo anterior ocurrió la noche del 7 de junio de 1.849, entre las cuatro y diez y las cuatro y once. Dicho sea con otras palabras: niego, con argumentos del idealismo, la vasta serie temporal que el idealismo admite. Hume ha negado la existencia de un espacio absoluto, en el que tiene su lugar cada cosa; yo, la de un solo tiempo, en el que se eslabonan todos los hechos.[7]

Sin embargo, a pesar de que Borges desconfía de la historia y la metafísica por una misma razón, debemos admitir que también reconoce que entre ellas existe una diferencia fundamental, una diferencia similar a la que media entre la literatura realista y la fantástica. Como la primera, la historia se ve obligada a trabajar con acontecimientos que se supone han ocurrido o con experiencias extraídas de la vida cotidiana, para el historiador, como también para el escritor sin tendencias fantásticas, cada detalle de un acontecimiento es importante, puede elegir el tema que va a tratar, pero no los detalles de ese tema. Como la segunda, la metafísica percibe lo cotidiano como un punto de partida para la imaginación, se parte de lo real para llegar a una conclusión fantástica o, mejor dicho, a una construcción conceptual que en ningún momento se mostró como algo dado. No es casual, por lo tanto, la afición que Borges siente por los

---

[7] OC, *Otras inquisiciones*, "Nueva refutación del tiempo", 761-762. Cf. "A principios de agosto de 1.824, el capitán Isidoro Suárez, a la cabeza de un escuadrón de Húsares del Perú, decidió la victoria de Junín; a principios de agosto de 1.824, De Quincey publicó una diatriba contra *Wilhelm Meisters Lehrjahre*; tales hechos no fueron contemporáneos (ahora lo son), ya que los dos hombre murieron, aquél en la ciudad de Montevideo, éste en Edimburgo, sin saber nada el uno del otro..." (Idem.)

problemas y textos metafísicos, es la misma afición que lo lleva a preferir la literatura fantástica sobre la literatura realista.[8]

En algún párrafo de la "Nueva refutación del tiempo", el autor nos aclara que no tiene muy bien definidas las consecuencias éticas de sus ideas acerca del tiempo y termina por asimilarlas a las ideas de Bernard Shaw. Creo que no es muy aventurado señalar su similitud con las doctrinas morales de Séneca, Epicteto y Marco Aurelio:

> "Si terminas de esperar, terminarás también de temer"... Tal como la misma cadena ata el preso al soldado, así vemos que estas cosas tan dispares caminan una en pos de la otra: el temor sigue a la esperanza... La causa principal de aquellos dos sentimientos es que no sabemos acomodarnos a las circunstancias presentes, sino que remitimos el pensamiento hacia delante, a la idea de un futuro remoto. Así es como la previsión, bien supremo de la naturaleza humana, tornase en mal. Las fieras huyen de los peligros que ven, y cuando han huido están tranquilas: nosotros nos atormentamos por el futuro y por el pasado. Muchos de nuestros bienes nos dañan, ya que la memoria nos presenta el tormento del miedo y la previsión la anticipa. No hay nadie que sea desgraciado sólo por las circunstancias presentes.[9]

El estoicismo más que un movimiento filosófico es una actitud ante el mundo, puede que Borges no comparta las posiciones del movimiento estoico, comparte sin duda la actitud, él ha llegado por un camino diferente a las mismas conclusiones. El estoicismo postula una ética del presente porque considera que todo momento es emanación de un *Logos* eterno, Borges porque considera, gracias a un empirismo más que radical, que pasar del presente al pasado o al futuro es una ilusión:

---

[8] "Este monismo o idealismo total invalida la ciencia. Explicar (o juzgar) un hecho es unirlo a otro; esa vinculación, en Tlön, es un estado posterior del sujeto, que no puede afectar o iluminar el estado anterior. Todo estado mental es irreductible: el mero hecho de nombrarlo —*id est*, de clasificarlo— importa un falseo. De ello cabría deducir que no hay ciencias en Tlön —ni siquiera razonamientos. La paradójica verdad es que existen, en casi innumerable número. Con las filosofías acontece lo que acontece con los sustantivos en el hemisferio boreal. El hecho de que toda filosofía sea de antemano un juego dialéctico, una *Philosophie des Als Ob*, ha contribuido a multiplicarlas. Abundan los sistemas increíbles, pero de arquitectura agradable o de tipo sensacional. Los metafísicos de Tlön no buscan la verdad ni siquiera la verosimilitud: buscan el asombro. Juzgan que la metafísica es una rama de la literatura fantástica. Saben que un sistema no es más que la subordinación de todos los aspectos del universo a uno solo de ellos." (OC, *Ficciones*, "Tlön, Uqbar, Orbis Tertius", 436)

[9] Séneca, *Cartas morales a Lucilio*, t. I, carta V.

Cada instante es autónomo. Ni la venganza ni el perdón ni las cárceles ni siquiera el olvido pueden modificar el invulnerable pasado. No menos vanos me parecen la esperanza y el miedo, que siempre se refieren a hechos futuros; es decir, a hechos que no nos ocurrirán a nosotros, que somos el minucioso presente. Me dicen que el presente, el *specious present* de los psicólogos, dura entre unos segundos y una minúscula fracción de segundo; eso dura la historia del universo. Mejor dicho, no hay esa historia, como no hay la vida de un hombre, ni siquiera una de sus noches; cada momento que vivimos existe, no su imaginario conjunto.[10]

---

[10] OC, *Otras inquisiciones*, "Nueva refutación del tiempo", 762.

# EPÍLOGO

UNA OBRA LITERARIA CONSTA DE DOS MITADES, LA CREACIÓN Y LA CONTEMPLACIÓN; en la creación está el esfuerzo y el trabajo, en la contemplación el desinterés, la calma y la perfección de la forma. Para el que la realiza, la obra se muestra en el presente como algo esencialmente inconcluso, para el que la contempla, en cambio, la obra se manifiesta como algo esencialmente acabado y finalizado al igual que cualquier otro producto del pasado. Todo presente es abrumador porque está constituido por inabarcables detalles; el pasado, en cambio, puede percibirse con mayor claridad porque los eventos que ocurrieron ya no nos afectan de una forma directa y puede distinguirse mejor entre los elementos que los conforman. Borges juzga que todo instante, que todo momento es autónomo, que las relaciones en las que lo sumergimos le son ajenas porque son establecidas desde otro momento. Si aplicamos esta idea a las relaciones entre el autor, el lector y la obra literaria llegamos a esta inesperada conclusión: toda obra es inaccesible. A un autor no le es dado percibir claramente sus obras porque se le manifiestan en un presente abrumador,[1] pero a un lector tampoco le es dado captarla porque sólo

---

[1] Es quizás una intuición de esta verdad la que lleva a Borges a decir: "El concepto de arte comprometido es una ingenuidad, porque nadie sabe del todo lo que ejecuta." (OP, *La rosa profunda*, Prólogo, 421.

puede verla desde una perspectiva que le es esencialmente ajena. Cito, para finalizar, un poema de *Fervor de Buenos Aires*:

La                                                                                    rosa,
la      inmarcesible      rosa      que      no      canto,
la         que         es         peso         y         fragancia,
la      del      negro      jardín      en      la      alta      noche,
la      de      cualquier      jardín      y      cualquier      tarde,
la      rosa      que      resurge      de      la      tenue
ceniza      por      el      arte      de      la      alquimia,
la      rosa      de      los      persas      y      de      Ariosto,
la         que         siempre         está         sola,
la      que      siempre      es      la      rosa      de      las      rosas,
la         joven         flor         platónica,
la      ardiente      y      ciega      rosa      que      no      canto,
la rosa inalcanzable.

# Ensayos, fragmentos

Escribir corto, para concluir antes de hastiar.

—Gómez Dávila

## ELOGIO DE LOS SOFISTAS

> Mi salvación, mi preferencia, mi cura de todo
> platonismo fue en aquél tiempo Tucídides...
> Nadie como Tucídides nos cura de aquél
> lamentable optimismo que el joven de instrucción
> clásica lleva a la vida como premio de su cultura
> liceal... Con él la cultura de los sofistas, es decir
> de los realistas, llega a su completa expresión.
>
> —F. Nietzsche

LA FILOSOFÍA TIENE POR FUNDAMENTO UNA SERIE LIMITADA DE PROBLEMAS, LA apropiación que de esos problemas realizan los individuos de distintas épocas es lo que se conoce como historia de la filosofía.[1] Entre estos problemas se encuentra el de la constitución de la sociedad: las instituciones y reglas que conforman las sociedades de los hombres ¿surgen por naturaleza o por convención? Este problema se ha encarnado innumerables veces a lo largo de la historia de la filosofía, ninguna tan dramática como cuando encarnó en el debate *physis-nomos* entre los sofistas, por un lado, y Sócrates y Platón, por otro. Como todas las buenas historias, la de la filosofía necesita de personajes protagónicos y de personajes antagónicos; los profesores de filosofía han reservado siempre

---

[1] Borges ha desarrollado una idea análoga en el campo de la historia de la literatura. El hombre sólo es capaz de imaginar unos cuantos argumentos fantásticos y unas cuantas metáforas, la historia de la literatura es la manera como los distintos individuos se han relacionado con ese puñado de invenciones: "Quizá la historia universal es la historia de la diversa entonación de algunas metáforas." ("La esfera de Pascal" en OC, *Otras Inquisiciones*, 638)

el primer papel a Sócrates y a Platón, y el segundo, a los sofistas. Una defensa de los sofistas es la principal pretensión de esta nota.

Así como las reglas morales y las normas jurídicas no son más que una justificación de la conducta de los pueblos, las doctrinas filosóficas no son más que la justificación de una respuesta ante el problema de la realidad. Ningún filósofo debe ser juzgado o criticado por la respuesta que escoja o defienda, esta respuesta es siempre una preferencia previa a toda argumentación,[2] un filósofo sólo debe ser juzgado por la forma como sustenta o justifica esa respuesta. No puede censurarse a Platón por fundar su filosofía sobre el arquetipo y no sobre el individuo o a Leibniz por preferir el espíritu a la materia, pero sí puede criticárseles desde el punto de vista del sistema de argumentos que utilizan para exponer y justificar sus doctrinas. Así también debe procederse en el análisis de las ideas de los sofistas.

En el debate entre *physis* y *nomos*, entre la idea de la sociedad como naturaleza y la idea de la sociedad como convención, los sofistas apostaron siempre por la última. La idea que está en el centro de todas sus disertaciones es la idea de la sociedad como un gran artificio, como una gran proyección del hombre sobre la naturaleza. Platón reconoce, sobre todo en aquellos capítulos de *La República* que tratan de la conformación de las ciudades, el carácter artificioso de las instituciones humanas, a pesar de ello, sostuvo que los valores morales y las verdades metafísicas en las cuáles estas instituciones se apoyan son tan eternas y objetivas como el agua, el aire y el tiempo. Para el sofista, por el contrario, todo lo que tiene que ver con la sociedad es artificial, sus instituciones, sus valores, sus creencias son todas productos del hombre:

---

[2] "La historia de la filosofía es en su mayoría un choque entre los distintos temperamentos humanos... De cualquier temperamento que un filósofo sea, él trata, cuando filosofa, del hecho de su temperamento. El temperamento no es considerado como razón, por lo que él alega razones impersonales para sus conclusiones. Pero su temperamento lo guía de una manera mucho más fuerte que ninguna de sus premisas objetivas." (William James, *Writings 1902-1910*, 385. La traducción es mía)

El hombre es la medida de todas las cosas, de las que son en tanto que son y de las que no son en tanto que no son.[3]

Sabemos que los sofistas profesaban un gran interés por la retórica, en esto no debemos suponer una mera casualidad. En el esquema sofístico, una vez instaladas las nociones de convención y artificio como punto central de la reflexión, el lenguaje surge como el artificio fundamental, el artificio que permite todos los demás artificios, como la ligera ventaja que el hombre tiene sobre la bestia.[4] Los argumentos por lo que los sofistas son más famosos, los de Gorgias por ejemplo,[5] tienen un propósito manifiesto, mostrar la imposibilidad de toda construcción metafísica de corte parmenídica. Sin embargo, creo notar en esos argumentos un propósito latente: mostrar el ser y la naturaleza de la palabra. Es desde la perspectiva del lenguaje y la palabra desde donde los sofistas realizan la crítica a la cultura. El lenguaje es el artificio fundamental, pero si no es bien utilizado es capaz de serios extravíos, los hombres y monstruos de ficciones y mitologías son un ejemplo de esto, la metafísica y la teología, esos dos grandes monstruos filosóficos, conforman otro ejemplo. En el siglo XVIII Lichtenberg denunciaba:

La invención del lenguaje precede a la invención de la filosofía, y esto es lo que la dificulta... Cuando habla, la filosofía está siempre obligada a usar el lenguaje afilosófico.[6]

Un siglo después Nietzsche mantenía una postura semejante:

Hoy... vemos... que la unidad, la identidad, la duración, la sustancia, la causa, la materialidad, el ser, en cierto modo nos insertan en el error... Sucede aquí lo mismo que con los movimientos de las grandes

---

[3] Cita atribuida a Protágoras tomada de Antonio Melero Bellido (ed.), *Sofistas: testimonios y fragmentos*, 42.

[4] "No hay ninguna forma de acción o de emoción que no compartamos con los animales inferiores. Únicamente por la palabra nos elevamos por encima de ellos, o nos elevamos, entre los hombres, unos sobre otros, únicamente por el lenguaje, que es padre y no hijo del pensamiento." (Oscar Wilde, "The Critic as Artist" en *The Complete Works of Oscar Wilde*, 1023. La traducción es mía)

[5] Antonio Melero Bellido (ed.), *Sofistas*, 115-124.

[6] Georg Christoph Lichtenberg, *Aforismos*, 149.

constelaciones; en éstas el error tiene por abogado nuestros ojos; en aquella, el error tiene por abogado nuestro lenguaje.[7]

Más cercano a nosotros, en tiempo y en idioma, Borges escribió que la metafísica es una rama de la literatura fantástica. Veinticinco siglos antes, los sofistas ya profesaban doctrinas similares.

A diferencia de Sócrates, los sofistas cobraban por la enseñanza que impartían, este hecho, que tanto ha indignado a los historiadores de la filosofía, tiene su explicación filosófica. Sócrates declaró siempre que su función no consistía en enseñar algo nuevo a sus discípulos sino en hacer explícito lo que estaba ya implícito en sus almas; si hubiese cobrado por su enseñanza hubiese sido un estafador, pues hubiese recibido un pago sin dar nada a cambio. Éste no es el caso de los sofistas, para éstos el dominio del lenguaje constituye una técnica como el trabajar la madera o el hacer zapatos y, así como no se nace con los conocimientos del zapatero o del carpintero, de la misma manera, no se nace con el conocimiento de los mecanismos que mueven el lenguaje. La remuneración del sofista no constituye una estafa, pues entre el maestro y el discípulo se establece una relación de intercambio, el discípulo aporta una cantidad de dinero y el maestro le da el conocimiento de una técnica previamente desconocida.

Sabemos que la fama tiene más que ver con los eruditos y los profesores que con las obras. La fama de Platón no debe inducirnos a creer que Platón es superior a los sofistas, la fama no es un argumento válido en la crítica filosófica. Tampoco debemos juzgar a los sofistas desde la crítica platónica, Platón y con él toda la filosofía hasta Nietzsche juzgó siempre a los sofistas por sus supuestos y no por el modo de desarrollar tales supuestos, no los critica por el desarrollo de las ideas de convención y artificio sino, precisamente, porque sustentan y mantienen estas ideas.

Platón tuvo que escribir una gran cantidad de obras durante toda una vida para poder formular y exponer su bella doctrina de ideas eternas e

---

[7] Friedrich Nietzsche, *El ocaso de los ídolos*, "La «razón» en filosofía", § 5.

inmutables; sólo nos bastan unos cuantos fragmentos de los sofistas para darnos cuenta de que es posible hacer filosofía con los pies sobre la tierra:

> Todos los hombres profundos consideran como su felicidad el imitar alguna vez al pez volador y jugar sobre lo más alto de la cresta de la ola; ellos aprecian como lo mejor de las cosas que éstas tengan una superficie; su piel — *sit venia verbo*.[8]

Que otros se deleiten alabando las obras de Platón, a mí que me dejen esos pequeños y casi olvidados fragmentos de los sofistas.

---

[8] Friedrich Nietzsche, *La ciencia jovial*, § 256.

# EL ESFUERZO METAFÍSICO

CUANDO ENTREGUÉ LA SOLICITUD PARA QUE ESTA PONENCIA FUERA ACEPTADA en el marco de estas jornadas de investigación, el título que llevaba era, simplemente, *El esfuerzo metafísico*. Sin embargo, cuando hace unos días me llegó la programación definitiva del evento, me di cuenta, no sin asombro, que los organizadores consideraron que a ese título le faltaba algo y decidieron agregarle el nombre de William James, por lo que, en los programas del evento, esta ponencia aparece bajo el nombre de *El esfuerzo metafísico de William James*. El nuevo título no es del todo incorrecto, pues James fue el autor que sugirió el tema de estas reflexiones y, no me vería en la necesidad de comenzar señalando este hecho curioso, si no fuera por los posibles malentendidos o falsas expectativas a las que ese nuevo título pudiera dar lugar. Las reflexiones que aquí presento no constituyen eso que ha dado en llamarse un trabajo exegético, como ese nuevo título bien podría sugerir. Si no me equivoco no cumplen con ninguna de las exigencias o rigores de ese género; no propongo una revisión del desarrollo de una idea a lo largo del conjunto de las obras de William James; tampoco pretendo restringir el sentido de mis palabras al sentido que se les ha brindado en tales obras. De lo que se trata, más bien, es de tomar una idea que aparece en algunos de esos escritos y aplicarla en el estudio de un tema más amplio. Específicamente, de analizar la historia de la filosofía a la luz de cierta concepción de la metafísica y de la labor filosófica que aparece en no pocas páginas de William James. El resultado de esta investigación será, por lo tanto, independiente del resto de esa hermosa filosofía del pragmatismo e, incluso, puede darse el caso de que no coincidida enteramente con ella. Comprendo, entonces, que es ésta una ponencia escrita tomando algunas libertades y corriendo ciertos riesgos y espero que pueda ser escuchada con el mismo espíritu aventurero en el que fue escrita.

Ciertamente, *El esfuerzo metafísico a partir de William James* hubiera sido una corrección mucho más afortunada del título original y hubiese evitado este pequeño preámbulo.

\*

El tema para esta ponencia surgió luego de la lectura de algunos textos de William James. El primero de ellos se encuentra en el sexto capítulo de sus *Principles of Psychology*:

> El lector que se sintió abrumado por demasiada metafísica en el capítulo anterior se sentirá peor en éste, que es exclusivamente metafísico. *La metafísica no es más que un inusual y obstinado esfuerzo por pensar claramente.* Para nosotros las concepciones fundamentales de la psicología son muy claras en la práctica, pero en la teoría son muy confusas y uno fácilmente hace las más oscuras suposiciones sin darse cuenta, hasta que somos confrontados por las dificultades internas que envuelven. Después que estas suposiciones se han establecido (como parte de los hechos fenoménicos) es casi imposible zafarse de ellas o hacer ver que no son características esenciales del objeto de estudio. La única forma para prevenir este desastre es escudriñarlas de antemano y hacer que den un informe articulado de sí mismas antes de dejarlas pasar.[1]

El segundo texto aparece en la primera lección de *A Pluralistic Universe*:

---

[1] El resaltado es mío.

...existen dos caras,..., en toda filosofía —la perspectiva, la creencia o la actitud final a la que nos acerca y los razonamientos a través de los cuales esa actitud es alcanzada y mediada. Es cierto, una filosofía debe ser verdadera, pero ése es el menor de sus requerimientos. Uno puede alcanzar la verdad sin ser un filósofo, alcanzarla por medio de adivinanzas o mediante la revelación. Lo que distingue la verdad de un filósofo es que es una verdad razonada; la argumentación, no la suposición, debe haberla colocado en ese lugar. Los hombres comunes heredan sus creencias, sin entender cómo han llegado hasta ellos. Han saltado a ellas con sus dos pies y allí permanecen. Los filósofos deben hacer algo más, ellos primero deben procurar que la razón le otorgue una licencia a sus creencias y para la mente filosófica profesional, la operación mediante la cual consiguen esa licencia, constituye un momento de mayor importancia y relevancia que cualquier creencia particular a la que esa licencia brinda el derecho de acceso.

Es esta concepción de la metafísica y de la labor del filósofo la que ha impregnado la mayoría de las páginas de su *Pragmatism* y es ella también la que lo lleva a afirmar, en *Some Problems of Philosophy*, que el término "filosofía" no expresa, exactamente, una disciplina cuyos límites puedan ser determinados con facilidad y claridad sino, más bien, cierta actitud, cierto temperamento donde el intelecto y la voluntad trabajan conjuntamente y que, en cierto sentido, toda filosofía no es más que el hombre pensando.[2] Según su propia confesión esta noción es afín a algunas ideas que aparecen en las obras de John Dewey y F.C.S. Schiller, creo también que es lícito afirmar que se acerca mucho a ciertas intuiciones que se muestran en las páginas de Bergson.

Según esta concepción, la metafísica no sería una ciencia particular o un conocimiento especial sobre el ser, las sustancias, Dios o el mundo. Esta tesis, es cierto, en un primer momento impacta, pero para comprobar la verdad o la falsedad de una tesis filosófica no debemos dejarnos guiar por el impacto o el asombro que ella nos produce, esto sólo podemos

---

[2] "Cualquier visión global del mundo es una filosofía en este sentido, incluso si se trata de una filosofía vaga; es una *Weltanschaaung*, una actitud intelectual hacia la vida. El Profesor Dewey describe correctamente todas las filosofías que existen actualmente, cuando dice que la filosofía expresa, en vez de una disciplina cuyas fronteras puedan ser determinadas con claridad, cierta actitud, propósito o temperamento donde el intelecto y la voluntad se unen... La filosofía en su sentido global no es más que el Hombre pensando, pensando en generalidades en vez de particularidades." (William James, *Writings 1902-1910*, 986-990)

hacerlo dirigiéndonos hacia el terreno de los hechos, volviendo nuestra atención sobre aquello a lo que esa tesis hace referencia. En nuestro caso ese terreno al que debemos dirigirnos no es otro que el de la historia de la filosofía y tengo la impresión de que, una vez situados en ese nivel, los acontecimientos que se registran en esa historia parecen confirmar la esencial veracidad de la concepción de James.

Podemos estar de acuerdo en que los conceptos constituyen la herramienta fundamental de la labor filosófica, que ellos son los que median entre los filósofos y el mundo; pero creo también que debemos estar de acuerdo en que no hay un concepto filosófico al que cada filósofo no le haya aportado un sentido particular. Tanto Aristóteles como Santo Tomás han reflexionado sobre la noción de Dios, sin embargo, el Dios de Aristóteles no es el de Santo Tomás; las ideas eternas de Platón no son las mismas de Plotino ni tampoco las de San Agustín; la noción de yo que se muestra en Descartes no es la misma que aparece en las obras de Kant; el tiempo de Bergson no es el de Heidegger.

Por otro lado, debemos reconocer que la relevancia de un concepto para una doctrina filosófica es algo bastante relativo y hasta cierto punto arbitrario, existen doctrinas donde ciertos conceptos juegan un papel fundamental, mientras que en otras ese papel es casi nulo, las distintas jerarquías conceptuales que encontramos en el seno de una filosofía rara vez coinciden con aquellas que conseguimos en otras. El ser es una noción importante en las obras filosóficas de tradición alemana, no así en aquellas de la tradición anglosajona. La noción de felicidad es una constante en los desarrollos morales antiguos, pero el papel que a este concepto le ha tocado jugar en las doctrinas morales de la modernidad ha sido más bien modesto. Las causas finales tenían una gran importancia para la filosofía medieval, esto ya no es así para la filosofía moderna y contemporánea. Al volver nuestra atención sobre los hechos que se registran en la historia de la filosofía, no podemos dejar de pensar que los filósofos han estado separados por un mismo lenguaje, que ellos han compartido los términos, pero no los conceptos a los que esos términos hacen referencia.

No podemos negar, sin embargo, que existe cierta coherencia en la historia de la filosofía, algo en nosotros siente que es correcto que en un solo manual se mencione a Heráclito y Parménides, a Platón y Aristóteles, a Agustín de Hipona y Tomás de Aquino, a Descartes y Leibniz, a Locke y Hume, a Kant y Schopenhauer. Puede que luego de un estudio detallado de las obras de estos autores nos demos cuenta de que el significado de los términos que han utilizado es distinto y que la función que le han asignado a cada uno de ellos es variable, pero cuando nos limitamos a realizar un recuento de esa historia, cuando nos detenemos y hacemos una revisión de conjunto de los hechos que la constituyen, no podemos dejar de sentir que existe algún hilo conductor que le brinda unidad y cohesión a ese grupo de hombres y textos heterogéneos. ¿Qué ocurre, entonces, con la historia de la filosofía?, ¿qué ha ocurrido con el desarrollo de las ideas metafísicas donde, por un lado, sentimos una diversidad abrumadora y, por otro, una íntima unidad?

Con el pasar del tiempo, el término "metafísica" ha ido ciñéndose a dos sentidos fundamentales. En una primera instancia, se refiere al sentimiento de perplejidad ante la totalidad de lo real, al asombro que todo hombre puede llegar a sentir ante el enigma del mundo; en una segunda instancia, se refiere a un sistema de conceptos o, más bien, a una doctrina que pretende explicar aquello que produce ese sentimiento, que intenta comprender ese misterio. Ahora bien, toda filosofía parte de esa perplejidad y ese asombro y pretende alcanzar ese sistema o esa doctrina que nos permita comprender con mayor facilidad aquella totalidad de lo real que produce esos sentimientos; por lo tanto, por divergentes que puedan ser esos conceptos, por diferentes que puedan ser las relaciones como se agrupan y los resultados que arrojen, todo parece apuntar a que un esfuerzo común está presente en cada una de las reflexiones de los filósofos, un esfuerzo que bien podríamos llamar, sin faltar a la verdad, metafísico. La íntima unidad que podemos percibir en la historia de la filosofía no es más que la unidad de ese esfuerzo que han realizado los filósofos, las muchas divergencias no son otra cosa que un producto de la diversidad de las herramientas de las que se han servido.

Pero debemos tener cuidado, esta tendencia de la filosofía hacia la totalidad no debe llevarnos a pensar que existe un objeto constante de la metafísica más allá del esfuerzo que ha caracterizado la labor de los filósofos, que la totalidad es una entidad determinada esperando por su correcta formulación conceptual.

La realidad nos muestra siempre sus dos aspectos fundamentales, siempre se nos presenta como diversidad y como totalidad, como multiplicidad y unidad. Por un lado, vemos una infinidad de cosas, una multiplicidad inabarcable de fenómenos, pero, por otro, parece existir una coherencia interna entre ellos, una suerte de éter secreto que los une y los pone en contacto; percibimos una serie ilimitada de hechos independientes, pero al mismo tiempo sentimos que esos hechos simpatizan entre sí, que trabajan en común acuerdo.

La labor filosófica consistiría, entonces, en una reflexión ceñida al aspecto unitario de la realidad, pero esa unidad de los fenómenos, esa totalidad de lo real no es algo que nos es dado de una sola vez y para siempre, podemos sentir su presencia, pero nunca se nos revela de una forma directa y es esto, precisamente, lo que le brinda un carácter ambiguo, un matiz indeterminado, pues ella puede ser vertida en un gran número de formas y concebida según distintos modelos, por lo que la visión de la realidad que un filósofo plasma en sus obras depende de una multiplicidad de factores y condiciones y es, necesariamente, diferente a la que plasman otros filósofos.

La metafísica consiste, por lo tanto, no en la titánica labor de descubrir los caracteres esenciales de una entidad determinada, sino en un humilde esfuerzo por buscar la claridad, un esfuerzo por ordenar nuestras ideas sobre el mundo y que busca dar coherencia a los distintos aspectos en los que ese mundo se muestra. En nuestras creencias, en nuestros cuerpos de saber conviven ideas que no sabemos realmente si armonizan o no. En nuestra vida nos vemos tirados por distintos costados, somos presionados por obligaciones morales, algunos sienten necesidades teológicas, otros son movidos por gustos estéticos. La función de la metafísica es esclarecer esta situación en la que nos encontramos usualmente, ordenar esos distintos aspectos de lo real según nuestras múltiples y diferentes necesidades humanas.

Entiendo que esta visión del quehacer filosófico y de la labor metafísica puede abrirle las puertas a numerosos problemas nuevos o darle forma novedosa a viejos y antiguos problemas: ¿cuál sería el valor del conocimiento metafísico?, ¿podría estar sujeto a un progreso ilimitado?, ¿podría haber un doctrina metafísica universal? Sin embargo, estoy dispuesto a sostenerla por dos razones, primero, porque nos brinda una visión más clara de la historia de la metafísica y de la filosofía, una que no está ligada a una doctrina o a un esquema preconcebido; y segundo, lo cual es mucho más importante, porque si existe la verdad, como todos propendemos a creer, conjeturo que la única forma por la que podemos acceder a ella es permaneciendo fieles a la realidad de los hechos y a la de nuestra propia convicción.

# En torno al problema de la filosofía

EXISTEN POCAS DISCIPLINAS DONDE LA REFLEXIÓN SOBRE SUS PROPIOS FUNdamentos y objetivos sea de tan vital importancia como para la filosofía, tanto es así que incluso puede afirmarse que la reflexión sobre aquellas condiciones que lo hacen posible es uno de los rasgos más representativos del pensamiento filosófico. Sabemos que los grandes científicos y los grandes artistas tienen una clara conciencia de los principios y de los fines de sus respectivas disciplinas, pero sabemos también que es posible lidiar con fórmulas muy complejas, resolver problemas técnicamente complicados o realizar grandes obras prescindiendo de esta clara conciencia. Pero éste no es el caso de la filosofía, todo ejercicio filosófico corre paralelamente con una reflexión sobre sus propios fundamentos y propósitos; no importa la materia que el filósofo elija como tema de sus disertaciones, puede concentrar sus esfuerzos en torno a la ética, a la teoría del conocimiento o a la ontología y, sin embargo, su oficio le exige que esas reflexiones vayan acompañadas por una reflexión sobre el sentido del quehacer filosófico en general.

Si se parte de este rasgo fundamental, puede entenderse la relevancia que ha tenido el estudio de la historia de la filosofía y de las obras de los autores que les han precedido en el desarrollo de las ideas de cada filósofo, pues para pensar en torno a los fundamentos, objetivos y condiciones de la filosofía, no basta con reflexionar sobre la propia labor, sino que es necesario indagar también en las ideas de aquellos que se han dedicado a esta disciplina en el pasado. El filósofo sólo puede aspirar a tener una concepción adecuada de su oficio, cuando logre armonizar los distintos pensamientos que se registran en la historia de la filosofía con el esfuerzo por desarrollar sus propias ideas y convicciones.

Ahora bien, cuando el filósofo se enfrenta a la historia y confronta sus intuiciones y razonamientos con los de otros hombres que también se han dedicado a la filosofía, ocurre un hecho paradójico: el filósofo no parece encontrar aquello que andaba buscando, se ha acercado a la historia para esclarecer sus ideas sobre la filosofía, pero cuando analiza detalladamente los acontecimientos que conforman esa historia no parece hallar sino más confusión.

Las distintas doctrinas filosóficas no parecen tener un tema en común: algunos filósofos han dedicado sus esfuerzos a revelar los misterios del ser, mientras otros parecen concentrarse solamente sobre la conducta de los hombres; en algunos momentos la filosofía se muestra como aliada de la religión y la teología, en otros, se muestra más bien como su enemiga, y lo mismo puede afirmarse de sus relaciones con las ciencias y las artes. Los conceptos y los términos del ejercicio filosófico parecen también estar sujetos a una extrema variabilidad, cualquier estudiante puede percibir cómo los términos que conforman el vocabulario de la filosofía no siempre denotan conceptos idénticos, términos tan fundamentales como "sustancia", "causa", "Dios", "materia", "espíritu" han ido refiriéndose a conceptos diferentes a través de las distintas épocas.[1]

Toda esta variabilidad en los temas y en la terminología no podría tener otra consecuencia sino una gran multiplicidad en las definiciones de la filosofía misma. Epicuro la define como el modo de alcanzar una vida feliz mediante razonamientos y reflexiones. Sócrates y los discípulos de la Stoa como una preparación para la muerte. Kant como el placer que siente

---

[1] Sobre este punto de la variabilidad del vocabulario de la filosofía, nada hay más instructivo que leer con detenimiento "Philosophy and its Historiography" de Paul Oskar Kristeller.

el ser racional en la contemplación de los fines últimos de la razón. Bergson como una ciencia del espíritu. Definiciones cada una de las cuales no puede ser aplicada sin arbitrariedad al resto de los filósofos.

En fin, luego de este enfrentamiento con los hechos que conforman la historia de su disciplina, el filósofo se encuentra ante un gran dilema: o el término "filosofía" es un nombre que agrupa una serie de obras heterogéneas que no presentan ninguna característica en común o es un nombre que denota una disciplina que puede ser aplicada sobre temas y conceptos diversos. Es decir, o la unidad del pensamiento filosófico es una ilusión o esa unidad debe ser buscada por un camino distinto al que tradicionalmente se ha recorrido.

Reflexiones como las anteriores me han llevado a pensar que existe una gran contradicción entre los hechos que señalan el trayecto que le ha tocado recorrer a la filosofía, desde aquellos primeros hombres en las tierras griegas hasta los profesores de las múltiples universidades contemporáneas, y las diferentes concepciones de la filosofía como un saber que gira en torno a un objeto determinado. Creo, por el contrario, que la forma más correcta de concebir la filosofía, y la que tiene mayores posibilidades para dar cuenta de esta multiplicidad de hechos sin perder su propia unidad en el intento, es aquella que la considera como una actividad que busca la claridad de nuestras ideas, como un esfuerzo por armonizar los infinitos hechos que aparecen en nuestra experiencia del mundo con nuestras múltiples necesidades humanas.

La vida humana se caracteriza por estar movida por múltiples intereses, por participar de múltiples tendencias e inclinaciones: por un lado, sentimos inclinación hacia las artes y el placer estético, por otro, sentimos pasión por los razonamientos y las argumentaciones; a veces las necesidades religiosas y metafísicas juegan el papel fundamental, pero bajo otras circunstancias los esfuerzos atléticos y deportivos constituyen el centro de nuestro interés. La mayoría de las personas parecen poder convivir con esa multiplicidad desorganizada, pero ése no es el caso del filósofo, todo su esfuerzo parece estar encaminado a esclarecer esa situación confusa en la que se encuentran nuestros diversos intereses; todo su oficio parece consistir en conseguirle un lugar adecuado a cada una de esas tendencias de nuestro espíritu, en ordenar esas múltiples facetas de la vida humana.

Se ha sostenido muchas veces que en el terreno de la filosofía no existe idea que no pueda ser cuestionada o respuesta que a su vez no plantee diversos problemas. La concepción del quehacer filosófico que he intentado esbozar no escapa de esta ley y, a pesar de estar convencido de su esencial veracidad, no es para mí menos evidente que a partir de ella pueden plantearse numerosos problemas. Por ejemplo, si la filosofía se define no por una serie o un cúmulo de conocimientos sobre un objeto determinado, sino, más bien, por un esfuerzo que busca aclarar el conjunto de nuestras ideas ¿cuál sería su valor?, ¿podría "progresar" a la manera del conocimiento científico?, ¿podría existir una doctrina filosófica universal? Sin embargo, entre estos problemas que pueden llegar a surgir, quizás el que se plantea con mayor urgencia es la eliminación de las viejas fronteras que diferenciaban el oficio del filósofo de los otros oficios intelectuales: si la filosofía se reduce a un esfuerzo por pensar claramente, entonces, en qué se diferencia de la ciencia, el arte o la religión.

Si bien es cierto que la religión puede llegar a confundirse con ciertas parcelas del conocimiento filosófico porque, tanto la religión como la filosofía, parecen apelar a ciertas necesidades del espíritu humano, no es menos cierto que la conexión que el hombre religioso establece con el mundo es muy diferente a la que sostiene el filósofo. Los hechos religiosos están impregnados de cierto ritualismo que está completamente ausente de los procederes de la filosofía. La liturgia es una parte esencial del pensamiento religioso, no del filosófico. El hombre de la religión necesita de los ritos para conectarse con el mundo y con la divinidad, necesita de las oraciones, del ayuno, del reclinatorio y, en los casos extremos, del flagelo. El filósofo no necesita participar de estas prácticas, nunca acude a una oración, tampoco se arrodilla, sus métodos para conectarse con el mundo son muy diferentes.

Por otro lado, ciertos postulados de la filosofía han llegado también a confundirse con la literatura, pues ambos oficios han tenido que lidiar con las palabras y con los sutiles laberintos del lenguaje. Sin embargo, en el arte predomina una relación formal con la materia que, a pesar de no estar completamente ausente de las obras de los filósofos, no parece ser un factor tan determinante. Esta relación se hace más evidente en las artes plásticas, pero su presencia no es menos esencial en el terreno de la literatura, el trato que tiene el hombre de letras con el lenguaje tiene mayor relación con el que tiene el escultor con la piedra o el pintor con los colores que con el trato que el filósofo establece con el lenguaje. Para el hombre de letras el lenguaje es, ante todo, un material que debe ser vertido a una forma, una materia para ser manipulada, para el filósofo, en cambio, el lenguaje es, esencialmente, un medio o un instrumento para la expresión de conceptos e ideas.

La urgencia ya no es, por tanto, determinar las diferencias que existen entre la filosofía y la religión o entre la filosofía y el arte, estas distintas ramas del pensamiento humano comparten numerosos puntos de contacto, pero un análisis detallado revela que entre ellas median también diferencias fundamentales. Nuestro problema inmediato se reduce, entonces, a intentar determinar las diferencias que existen entre la filosofía y la ciencia.[2]

Cuando se reflexiona sobre aquello que la tradición, la historia o la convención de ciertos hombres han dado en llamar filosofía y ciencia, todo

---

[2] No hago, entonces, sino retomar uno de los rasgos fundamentales del pensamiento filosófico contemporáneo: la necesidad de determinar con exactitud cuáles son las relaciones que existen entre la filosofía y la ciencia. Esta necesidad está ausente tanto de la filosofía antigua como de la medieval, donde lo que ahora denominamos y distinguimos como ciencia y filosofía convivían de forma confusa bajo un mismo nombre.

Hablando con rigurosidad, este problema sólo pertenece a la historia de la filosofía posterior al siglo XVIII, pues sólo puede surgir cuando la filosofía y la ciencia se han distinguido de tal forma que la naturaleza de su relación no se muestra de forma evidente y todavía en la primera parte de la modernidad se vive bajo la vieja convicción de que la ciencia forma parte de la filosofía o, por lo menos, se asume tácitamente que las relaciones que las unen son armoniosas.

parece apuntar a que las diferencias que pueden existir entre estos dos modos de explicar los enigmas del mundo no son diferencias entre distintos objetos de estudio o entre diferentes disposiciones espirituales.

No existe fenómeno sobre el que tanto la ciencia como la filosofía no hayan argumentado, aparentemente, con igualdad de derecho. La filosofía y la física se han referido al movimiento, al tiempo y a la energía; tanto la filosofía como la biología reclaman su derecho para hablar sobre la vida y la evolución; la filosofía y la psicología han batallado por mucho tiempo para ver quién se queda con el dominio de los fenómenos de la conciencia y de la conducta de los hombres; la filosofía, la sociología y la antropología se han esforzado por definir y delimitar los hechos sociales y culturales. Fenómenos tan íntimos como la amistad, el amor, la belleza y la risa han sido explicados desde perspectivas filosóficas, biológicas y psicológicas.

Por otra parte, tampoco parece haber una diferencia fundamental entre las vivencias del científico y las del filósofo, no parece haber vivencias con una marca, por decirlo así, que nos indicara que se está ante una experiencia filosófica o una científica. Por el contrario, el filósofo y el científico parecen compartir las mismas necesidades intelectuales: ambos se enfrentan a lo real y a sus múltiples misterios, ambos comparten un deseo por comprender y por expandir el conocimiento, ambos quieren arrojar un poco de luz sobre los múltiples fenómenos que tienen lugar en el mundo. Cuando se analizan con cierto detalle, las experiencias del filósofo no parecen ser diferentes a las del científico.

Creo que un ejemplo puede ayudar a esclarecer este punto, pensemos en el problema del tiempo. Todos estamos conscientes del tiempo y esta conciencia es una parte fundamental de nuestra vida. Cada uno de nosotros sabe que entre el alba y el ocaso median, más o menos, doce horas; que a todo instante le precede una serie infinita de instantes y le sigue otra serie igual de infinita; que todo momento forma parte de una cadena que llega hasta los límites del mundo y del universo; sabemos también que nuestra vida ha comenzado en alguno de esos momentos y que hay uno en que terminará. Sabemos todo esto, pero olvidamos que todos esos hechos que constituyen el problema del tiempo pueden ser vistos desde distintas perspectivas: si lo tomamos como una determinación del movimiento de un objeto y calculamos sus relaciones con la distancia y con la fuerza, estaremos considerando el tiempo desde la perspectiva de la física o de la mecánica; pero si esa misma sucesión de hechos es tomada como un mero pasar de ideas y percepciones, como un flujo constante de vivencias, por un simple cambio de nuestra atención, ese mismo fenómeno habrá entrado en el terreno de la psicología; o si la vemos como mero devenir y la contraponemos y relacionamos con aquello que es eterno y no cambia, entonces, habremos instalado el problema del tiempo en el terreno en que la mayoría de las escuelas filosóficas lo han colocado. Ninguna de estas perspectivas parece agotar ese fenómeno de la sucesión, el tiempo que postulan los físicos no se aproxima más a la realidad que el de los filósofos o el de los psicólogos, pero tampoco parece correcto decir que el de los psicólogos o el de los filósofos es más real que los otros dos, por el contrario, todas parecen tocar distintos aspectos de esa parte fundamental de nuestras vidas.

Sin embargo, si todas estas reflexiones tienden a establecer una base común que une a la filosofía con las distintas ciencias, es obvio también que las explicaciones científicas y las filosóficas se presentan de una forma en que no pueden llegar a confundirse. Se tiene la certeza de que la filosofía y la ciencia no son lo mismo, pero ¿cuál es esa diferencia?, ¿cuál es ese elemento que hace que la explicaciones científicas se diferencien de las filosóficas?

Para intentar dar una respuesta, imaginemos, por un momento, un cuadro, recordemos, por ejemplo, los girasoles o los autorretratos de Van Gogh. El cuadro es, tanto física como artísticamente, una unidad. Sin embargo, en esa unidad es posible distinguir distintos trazos, distintas secciones, distintos ángulos. Según modifiquemos nuestra atención podemos ver el cuadro como un todo o podemos ver alguno de sus detalles; podemos fijarnos en el centro del girasol o en alguno de sus pétalos, en los ojos de Van Gogh o en los trazos que delinean sus cabellos, pero también podemos fijarnos en la forma como esos distintos trazos, esas líneas trabajan en común acuerdo y se comportan como una unidad. Ambas perspectivas son igualmente válidas e igualmente necesarias, de forma tal que si tenemos la una sin la otra puede afirmarse que nuestra percepción del cuadro es parcial: no tenemos ningún cuadro sin esos distintos y múltiples trazos, pero cada uno de esos trazos sólo adquiere su sentido por su relación con el todo. No puede existir el girasol o el rostro, sin los pétalos, el tallo, los ojos o la quijada, pero sólo podemos saber que un trazo forma parte de un pétalo o de un rostro por la forma como se relaciona con el resto del cuadro.

Esto que hemos mencionado respecto de la percepción de un cuadro, puede también ser predicado respecto de nuestra percepción de la realidad. Por un lado, la vemos como unidad, pero, por otro, la vemos como una serie de fenómenos independientes. Percibimos distintas tendencias en el mundo, desde la lenta y pesada conducta de los astros y los planetas, hasta las contingencias y arbitrariedades de los comportamientos humanos, pero percibimos también algún tipo de armonía entre esas distintas tendencias, cada una parece respetar el dominio de la otra, sus ritmos distintos no parecen interferir entre sí. La filosofía es aquella rama del saber que se esfuerza por plantear los problemas desde la perspectiva de la unidad de lo real, mientras que las ciencias intentan arrojar claridad sobre cada uno de las tendencias que la conforman. La filosofía tiene como problema la totalidad de lo real, mientras que las distintas ciencias se ocupan de los diferentes conjuntos de fenómenos que conforman esa totalidad.

Uno de los peligros a los que puede llevar el uso poco cuidadoso del lenguaje es al error de pensar que existe un objeto determinado por cada una de las palabras que usamos y, uno de los errores que podemos llegar a cometer una vez que llegamos a este nivel, es el de concebir esa totalidad que constituye el centro de interés del pensamiento filosófico como un objeto determinado y distinto de las distintas tendencias, fenómenos y hechos de los que se ocupan las distintas ciencias. Hablar en términos de la unidad de lo real no quiere decir que hacemos de la filosofía una indagación sobre las cualidades de una entidad determinada, como tantas veces parece haberse postulado; ya lo hemos mencionado en otras ocasiones, nuestra vida es plural, múltiple, abundante en detalles y hechos particulares, participamos de distintas inclinaciones, recorremos diversos caminos y esa unidad que aspiramos conocer nunca se muestra de forma inmediata, sino solo a través de esos fragmentos desordenados. Entonces, afirmar que la filosofía es el saber que pretende permanecer fiel a la totalidad de los hechos y las cosas, que tiene por problema fundamental la íntima unidad de nuestras múltiples experiencias, sólo quiere decir que es la disciplina que intenta armonizar esos distintos fragmentos de la realidad con los que tenemos que lidiar a cada instante y de los que las ciencias parece revelar las leyes de conducta.

Ciertamente no se trata, como tampoco ocurrió con el caso de la religión y el arte, de una división radical y tajante entre los esfuerzos de la ciencia y aquellos de la filosofía, pues existen también pretensiones unificadoras, totalizadoras en las ciencias, como lo demuestran los sistemas del mundo que toda ciencia en algún momento describe, y una preocupación por el detalle en muchas filosofías, como se pone de manifiesto cuando recordamos los abundantes hechos que ilustran las obras de muchos filósofos. Se trata, en todo caso, de una diferencia de matices, en cada una de ellas parece que uno de estos impulsos predomina sobre el otro: las generalizaciones muy vastas de la ciencia no tienen ningún sentido si no llevan al conocimiento de nuevos detalles, si no apuntan hacia nuevos conjuntos de fenómenos; las especializaciones en filosofía pierden su relevancia en la medida que se alejan de una visión total y unificada de la realidad.

Entiendo que todo esto que he mencionado puede llegar a ser discutido, que pueden sostenerse argumentos en contra. Estamos acostumbrados a pensar que una distancia casi infinita separa el laboratorio del científico de los conceptos del filósofo, por lo que nos parece difícil aceptar que comparten un terreno común y que sus diferencias son sólo de perspectivas, pero me parece un esfuerzo válido defender estas conjeturas porque tienen la ventaja de mantener una actitud abierta ante la pluralidad de los hechos y, sobre todo, de no establecer una jerarquía entre la ciencia y la filosofía, de no hacer de una de ellas la sierva de la otra. Kant, en una frase célebre, nos recuerda que las intuiciones sin conceptos son ciegas y los conceptos sin intuiciones vacíos. Creo que, análogamente, podemos afirmar que una filosofía que no tome en cuenta los resultados de la ciencia termina por ser un esfuerzo ciego, y que una ciencia que no muestre interés por la filosofía termina siendo una técnica inhumana.

## La escuela y la filosofía

Cuando un orador se dirige a una audiencia bajo condiciones similares a las que hoy nos reúnen en este auditorio, parece ser costumbre que comente o recuerde alguna anécdota de su carrera de estudiante: algún consejo legado por un maestro, alguna situación política memorable o, incluso, alguna situación graciosa o absurda. Sin embargo, no es eso lo que intentaré hacer hoy, primero, porque no es mi estilo y, segundo, porque considero que ustedes merecen algo mejor. Quisiera utilizar estos pocos minutos para discutir un tema que considero interesante: el sentido que tiene una escuela de filosofía, la función que cumple un centro de enseñanza filosófica.

Todo filósofo, desde Platón hasta Kant, se ha considerado a sí mismo como un autodidacta y ha considerado su obra como fruto de un esfuerzo y una labor personal. En esto no parecen equivocarse, el verdadero trabajo del filósofo se realiza en la soledad de un estudio, de una biblioteca o de un paseo en una tarde soleada. La labor del filósofo es quizás la más individual de las labores humanas, los científicos se reúnen para discutir sus resultados y avanzar en sus investigaciones, los artistas se agrupan ~~para redactar un manifiesto~~ y trazar los objetivos de un movimiento, los filósofos se reúnen para tomar un descanso, para despejar su mente.

[1] A pesar de todos los esfuerzos que el Prof. Heymann realizó para enseñarme que el oficio del filósofo sigue otro modelo, no sólo distinto, sino contrario, no puedo dejar de notar una profunda similitud entre la

Pero la situación del filósofo no deja de ser paradójica: si bien es verdad que su obra es fruto exclusivo de su personalidad, de su individualidad y de su esfuerzo, no es menos cierto que esa obra forma parte de una tradición sin la cual no podría existir. He ahí el dilema que enfrenta todo filósofo: una intuición íntima, quizás la más íntima de todas sus intuiciones, le dice que es un individuo y que su obra depende de esa individualidad, pero su memoria le recuerda que hubo otros que le precedieron y que le legaron un pasado. Es sólo en relación con ese dilema fundamental que una escuela de filosofía muestra todo su sentido.

Nuestra naturaleza individual parece ser inalterable, nuestras fortalezas y debilidades nos fueron dadas de antemano y, al parecer, no pueden modificarse. En este departamento es poco o nada lo que una escuela de filosofía, o de cualquier otra carrera, puede ayudarnos.[2] Sin embargo, si la labor del filósofo es una labor solitaria y las soluciones que esgrime son íntimas y personales, los problemas que pretende resolver son aportados por la historia y la tradición. Es la función de toda escuela de filosofía ser un puente por el cual nos conectemos con esa tradición, un pórtico a través del cual entremos en contacto con esa historia y, la Escuela de Filosofía de la Universidad Central de Venezuela, nos ofrece las herramientas necesarias para que ese encuentro con la tradición y la historia sea fructífero.

Una vez mencionado esto, creo que conviene señalar también que las relaciones que nuestra escuela guarda con toda esa tradición filosófica no se reduce a un contacto lejano, a una lectura de viejos libros e historias

situación del filósofo y la imagen que Borges describe en el siguiente poema: "En un desierto lugar del Irán hay una no muy alta torre de piedra, sin puerta ni ventana. En la única habitación (cuyo piso es de tierra y que tiene la forma de un círculo) hay una mesa de madera y un banco. En esa celda circular, un hombre que se parece a mí escribe en caracteres que no comprendo un largo poema sobre un hombre que en otra celda circular escribe un poema sobre un hombre que en otra celda circular... El proceso no tiene fin y nadie podrá leer lo que los prisioneros escriben." ("Un sueño" en *OP, La cifra*, 615)

2 "Todos, efectivamente, nacemos con facultades; pero debemos nuestro desarrollo a miles de influencias del inmenso mundo, de las cuales nos apropiamos lo que podemos y lo que resulta compatible con nuestra naturaleza." (*Conversaciones de Goethe con Johannes Peter Eckermann*, martes, 16 de diciembre de 1828)

ajenas. El contacto físico y directo con aquello que consideramos grande es una parte importante y esencial de nuestras vidas, pues sentimos que a través de ese contacto podemos participar de esa grandeza. Las iglesias se construyen en lugares donde se guarda una reliquia. Los gobiernos construyen monumentos para recordarnos que el pasado fue real y que todavía sigue vivo. Las personas hacen peregrinaciones para sentir la presencia de los grandes hombres y para tener un contacto directo con ellos. La escuela de filosofía a la que ustedes están ingresando no es una excepción a esta regla, ella se ha construido sobre la base de un contacto íntimo y sincero con la tradición filosófica occidental, tan es así que podemos trazar una línea directa entre nuestra pequeña escuela y cualquier movimiento filosófico de importancia. El Profesor Heymann fue guiado en sus investigaciones por Gadamer. El Doctor Mayz Vallenilla se entrevistó, en varias ocasiones, con Heidegger. El Profesor Alberto Rosales estudió bajo la tutela de un discípulo directo de Husserl, Landgrebe si no me equivoco. Juan Nuño realizó su tesis bajo la guía de José Gaos, que a su vez fue un discípulo destacado de Ortega y Gasset. El Profesor Fernando Rodríguez trabajó, en algún momento, bajo la supervisión de Paul Ricoeur.

Entiendo que estos señalamientos corren el riesgo de pasar por un recuento de chismes y habladurías, pero no es éste el sentido por el cual traigo a colación estas conexiones. Más allá del sentido anecdótico de estas experiencias, se encuentra un sentido mucho más profundo: nuestra escuela nunca ha sido, y esperemos que nunca llegue a serlo, una isla separada de la gran tradición filosófica occidental. Uno de los grandes problemas de la cultura americana, especialmente latinoamericana, ha sido determinar cuál es su relación con el pasado europeo o cómo debería comportarse frente a esa tradición. Esta escuela forma parte de esa tradición y esos encuentros directos entre nuestros maestros inmediatos y las grandes figuras del pensamiento occidental del siglo pasado así lo demuestran. La tradición filosófica alemana, la francesa, la española y, en menor medida, la anglosajona están presentes en esta escuela de un modo inmediato. Podemos considerarnos herederos de esas tradiciones, tenemos derecho a todos sus frutos. Podemos dialogar con ellas, podemos también cuestionarlas.

Por lo general, suelo terminar mis palabras con algún poema, siento que de esa manera le brindo un aire estético a mi voz y eso ayuda a poner en movimiento las facultades de la imaginación. No quisiera que éstas que he pronunciado aquí el día de hoy fueran una excepción y desearía que se me permitiese leer un poema titulado "El milagro", el autor es Charles Bukowski:

> trabajar con una forma artística...
>
> requiere a los mejores hombres
>
> en sus mejores momentos,
>
> y cuando esos hombres mueren
>
> y alguna cosa no lo hace,
>
> hemos presenciado el milagro de la inmortalidad:
>
> hombres que llegaron como hombres
>
> y se marcharon como dioses—
>
> dioses que sabemos estuvieron aquí,
>
> dioses que ahora nos permiten continuar
>
> cuando todo lo demás nos sugiere que paremos.

En los cursos de esta escuela ustedes podrán presenciar ese milagro de la inmortalidad. Conocerán obras que han sobrevivido al polvo de sus autores, escucharán ideas que han superado el obstáculo de los idiomas perdidos, entenderán doctrinas filosóficas que han atravesado continentes enteros para llegar hasta nosotros y herejías que han vencido a sus inquisidores. Luego comprenderán que esas obras e ideas exigen sólo una cosa para revelarles todos sus secretos: que piensen por sí mismos.

## Sobre los límites de la filosofía

AQUELLAS PERSONAS QUE, POR UNA RAZÓN U OTRA, LLEGUEN A LEER ESTOS fragmentos, seguramente notarán su carácter monótono. La razón de esto es bastante sencilla: el único propósito que me llevó a su escritura fue aclarar qué debe entenderse por una reflexión filosófica. Todos deben ser considerados variaciones sobre ese mismo tema.

Por otro lado, a pesar de estar completamente convencido de que los pensamientos que estos fragmentos expresan son verdaderos, cometerían un error aquellas personas que llegasen a pensar que la compilación que aquí presento constituye una demostración de esa verdad. Dudo mucho que la verdad de los pensamientos filosóficos pueda ser demostrada de la misma forma como se demuestra la verdad de las proposiciones de las ciencias deductivas. Las reglas y criterios para lograr el asentimiento y el acuerdo en filosofía y en estas ciencias son, a mi modo de ver, completamente opuestos.

Se entendería mucho mejor la naturaleza de estos textos si, en vez de compararlos con la demostración de un teorema, se les comparara con esos álbumes de fotos que guardan los recuerdos de un viaje familiar, con esos álbumes donde se muestra a los miembros de una familia realizando diversas actividades en lugares no menos diversos. Estos fragmentos muestran los distintos lugares por donde he estado y, me daría totalmente por satisfecho, si alguna línea de las que he escrito logra estimular a una que otra persona a visitar estos lugares.

No dejo de estar consciente de que algunas personas pueden llegar a considerar que estos fragmentos son una repetición de viejas consignas y que no aportan nada nuevo a la discusión en torno a la naturaleza de la filosofía. De una vez quisiera dejar claro que ese juicio no me molestaría en absoluto. La búsqueda de novedad y originalidad me ha parecido siempre un problema menor, la innovación o la tradición no son los criterios que deben tomarse en cuenta para determinar la verdad o la falsedad de un pensamiento. La vanguardia o la historia son tan ajenas a la verdad como lo es el idioma en el que pueda llegar a ser expresada.[1]

Estos fragmentos han sido escritos teniendo en mente los pensamientos de Peirce, James, Bergson y Wittgenstein.

* * *

**1.** Cuando se trata de hablar de la naturaleza del quehacer filosófico, los filósofos tienden a extremar las precauciones y comienzan a ser muy cuidadosos con cada paso que dan. Habría que preguntarse qué es lo que realmente ocurre en este *extremar las precauciones*.

**2.** Una gran cantidad de obras filosóficas comienzan preguntando sobre el alcance de la filosofía y defendiéndola de aquellas personas que cuestionan su valor como conocimiento y como actividad humana.

**3.** Los límites de la filosofía no parecen fáciles de determinar, ella siempre parece librar sus disputas en un campo de fronteras muy difusas.

---

[1] "Nadie piensa seriamente mientras la originalidad le importa." (Nicolás Gómez Dávila, *Escolios a un texto implícito*, § 287)

**4.** Cuándo se pregunta "¿qué color es éste?", "¿qué hora es?" o "¿a dónde vamos?" Puede siempre responderse de una forma muy clara y concisa: "ese color es magenta", "son la tres y cuarto", "vamos al aeropuerto". Pero cuando se pregunta por la naturaleza de la labor filosófica no es posible responder de la misma forma, ninguna respuesta corta, ninguna frase concisa parece satisfacer las expectativas de la persona que pregunta por este asunto.

La respuesta que se busca para esta pregunta parece ser de una naturaleza completamente distinta. De hecho, esa respuesta tiene mayor similitud con lo que comúnmente se llama un proceso reflexivo que con lo que comúnmente se llama una respuesta.

**5.** Todas las actividades humanas involucran un esfuerzo, desde las cotidianas que se realizan de forma tan seguida que ya no presentan problema alguno, hasta aquellas aventuras que exigen mucho más de cada individuo. Pero la diferencia entre los esfuerzos cotidianos y las aventuras no es una de naturaleza, sino, más bien, de costumbre: a un europeo le toma años de entrenamiento llegar al Himalaya, pero el Sherpa vive bastante cómodo entre esos picos nevados; un antropólogo siente la jungla como un ambiente extraño y peligroso, para el indígena, en cambio, nada hay más cotidiano o prosaico.

Existen, sin embargo, esfuerzos de otra índole, actividades que nunca llegan a ser cotidianas. Los misterios del amor y la amistad, el ejercicio de la virtud, la reflexión sobre el sentido de la existencia son experiencias de este tercer tipo y de las cuáles se tiene la impresión de no saber mucho más que el primero de los hombres.

A tal tipo de esfuerzos parece pertenecer también la reflexión en torno a la naturaleza de la filosofía.

**6.** Toda experiencia común supone una perspectiva, una forma de percibir las cosas. La filosofía está ligada, tanto como cualquier otra actividad humana, a una perspectiva y sus características dependen, precisamente, de esta perspectiva que es capaz de mostrarnos el lado filosófico de la realidad. La mirada del filósofo busca algo diferente de lo que buscan los demás hombres, exige algo distinto de los hechos.

**7.** La actividad filosófica se asocia naturalmente con la perplejidad o el asombro ante lo real, con esa mezcla entre confusión y admiración que todo hombre puede llegar a experimentar ante el enigma del mundo. Pero ella se asocia también con un tipo particular de reflexión, con una reflexión que intenta comprender nuestra experiencia del mundo.

**8.** El mundo muestra siempre dos aspectos fundamentales. Por un lado, una serie ilimitada de hechos particulares, una multiplicidad inabarcable de fenómenos, pero, por otro, una especie de coherencia entre esos fenómenos, una especie de simpatía entre esos hechos.

Esa coherencia entre los fenómenos no es una entidad o un hecho determinado, no es algo de lo que pueda tenerse una experiencia: puede sentirse su presencia, pero nunca se revela de una forma directa. Todos los hechos parecen postularla, pero ella no se confunde con ninguno de esos hechos.

La reflexión filosófica parece ser una reflexión que tiene por problema esta coherencia de nuestras experiencias, esta armonía entre los distintos fragmentos del mundo con los que tenemos que lidiar a cada instante.

**9.** Imaginemos un cuadro. Imaginemos, por ejemplo, los girasoles o los autorretratos de Van Gogh.

El cuadro es, tanto física como artísticamente, una unidad, sin embargo, en él pueden distinguirse distintos trazos, distintas secciones, distintos ángulos. Según se modifique la atención puede verse el cuadro como un todo o puede verse alguno de sus detalles. Podemos fijarnos en el centro del girasol o en alguno de sus pétalos, en los ojos de Van Gogh o en los trazos que delinean sus cabellos, pero podemos también fijarnos en la forma como esos distintos trazos, esas líneas diversas trabajan en común acuerdo y se comportan como una unidad. Ambas perspectivas son igualmente válidas e igualmente necesarias, si se tiene la una sin la otra puede afirmarse que la percepción del cuadro es parcial: no hay ningún cuadro sin esos distintos y múltiples trazos, pero cada uno de esos trazos sólo adquiere su sentido por su relación con el todo; no puede existir el girasol o el rostro, sin los pétalos, el tallo, los ojos o la quijada, pero sólo puede captarse que un trazo forma parte de un pétalo o de un rostro por la forma como se relaciona y se comporta con el resto del cuadro.

La reflexión filosófica parece ser aquella que se esfuerza por plantear los problemas desde la perspectiva de la unidad del cuadro.

**10.** Uno de los peligros a los que puede llevar el uso poco cuidadoso del lenguaje es al error de pensar que existe un objeto determinado por cada una de las palabras que se utilizan y, uno de los errores que puede llegar a cometerse, es concebir esa coherencia que parece ser el centro de interés del pensamiento filosófico como un objeto determinado, como una entidad apartada y diferenciada de los distintos fenómenos y hechos que se muestran en nuestras diversas experiencias.

La filosofía no es una indagación sobre las cualidades de una entidad determinada o un estudio de una clase de hechos particulares.

**11.** La filosofía no es una ciencia en el sentido moderno y contemporáneo del término y las diferencias que pueden existir entre la filosofía y la ciencia no son diferencias entre distintos objetos de estudio. El término "filosofía" designa, más bien, una especie de conocimiento diferente, una especie de conocimiento con sus propios criterios y rigores.

**12.** La filosofía y la ciencia juegan sus partidas en dos tableros distintos o, mejor dicho, juegan sus partidas en el mismo tablero, pero siguiendo reglas y criterios distintos.

**13.** Muchas veces se afirma que el término "filosofía" parece agrupar una serie de obras heterogéneas que no presentan ninguna característica en común. Sólo un trato prolongado con la actividad filosófica, un contacto cercano con la labor del filósofo puede ayudar a comprender la historia de la filosofía.

**14.** Puede que no exista una clase de objetos detrás de las reflexiones de los filósofos, pero existe un hilo conductor que le brinda unidad y cohesión al grupo de hombres y textos heterogéneos que conforman la historia de la filosofía. Este hilo conductor no parece ser más que el esfuerzo que han realizado los filósofos.

**15.** Si lo que caracteriza a la filosofía es un esfuerzo o una actividad y si ese esfuerzo o esa actividad ha podido traspasar las fronteras históricas y culturales, ¿no debería considerarse como independiente de las distintas épocas y culturas?

**16.** La filosofía no parece depender del idioma, la época, el tema o la forma como está estructurada.

Toda reflexión filosófica depende de la existencia del lenguaje, pero ella no se deja encadenar a ningún idioma particular. La filosofía puede hablar a través de cualquier lengua.

Toda reflexión filosófica establece necesariamente una conexión con el mundo, pero, en términos estrictamente filosóficos, poco importa que ese mundo sea el del siglo VIII o el del XX, el de la cultura griega o el de la moderna. Toda época tiene los materiales necesarios para que brote la filosofía.

Toda reflexión filosófica toca un tema específico de una forma específica, pero no existen temas u objetos propiamente filosóficos. Una obra filosófica puede versar sobre cualquier cosa y tratarla de cualquier forma.

**17.** Las determinaciones históricas, sociales o culturales no son tan definitivas para la labor filosófica como comúnmente se cree. El filósofo tiene una mayor capacidad de maniobra, *a greater elbow room*.

**18.** Las ideas de una cultura, los problemas de una época no parecen ser sino los puntos de partida desde donde el filósofo comienza sus reflexiones, la primera información que maneja para luego llegar a verdades que no se deducen mecánicamente de ese punto de partida.

**19.** El filósofo tiende a particularizar el mundo en unas pocas experiencias, él parece reconocer que el mundo se muestra o se expresa con mayor claridad en cierto tipo de experiencias. Todo filósofo tiene sus experiencias favoritas, por decirlo así.

**20.** Cuando un biólogo o un químico quiere estudiar ciertos fenómenos se ve en la necesidad de utilizar un microscopio. Cuando un astrónomo quiere comprender el comportamiento de los cuerpos estelares debe utilizar un telescopio. Cuando un psicólogo quiere arrojar luz sobre los fenómenos de la mente y de la conducta humana, recurre al estudio de los casos anormales; y, de la misma forma, un antropólogo sólo puede obtener conocimientos acerca de su propia sociedad recurriendo al estudio de muchas sociedades diferentes a la suya. A pesar de la aparente divergencia entre estos métodos, pareciera que todos están unidos por un mismo hecho: cuando se busca conocer un fenómeno siempre se recurre primero a aquellos casos donde ese fenómeno se muestra con mayor claridad, para luego ver cómo ese elemento, que sólo ha podido aislarse o abstraerse de una forma artificial, interactúa en otras circunstancias más naturales. Pareciera que el apego que el filósofo siente por ciertas experiencias cumple una función similar a la que cumple el microscopio en química y biología o el telescopio en astronomía, es decir, el filósofo siente que esas experiencias magnifican el mundo.

**21.** Todo filósofo toma del mundo una pequeña muestra que le sirve como símbolo de la totalidad de las cosas y, de ese modo, se forma irremediablemente una imagen particular del mundo.

**22.** Hay que tener mucho cuidado al afirmar que un filósofo discute con otro. En filosofía nunca se habla literalmente, toda filosofía es el idioma de *un* filósofo, toda filosofía es en última instancia un idiolecto.

**23.** La relación que existe entre una palabra y su significado es arbitraria, sin embargo, la historia estrecha tanto el vínculo entre una palabra y su significado que muchas veces parece que entre ellos existiese una relación necesaria. Esto es, precisamente, lo que impide que un individuo que quiera comunicarse a través del lenguaje pueda hacerlo atribuyéndole el significado que quiera a cada una de las palabras que utiliza. Sin embargo, lo que es cierto de las palabras en general no parece serlo de los términos filosóficos: cada filósofo parece tener licencia para darle un significado particular a cada uno de los términos que utiliza, esto es, uno que se aleja del que se le da en su uso cotidiano. En la historia de la filosofía, cada pensador recibe de la tradición toda una serie de términos asociados a unas definiciones ("sustancia", "causalidad", "Dios", "alma", "idea"), pero luego, en la medida que establece nuevas relaciones entre esos términos e introduce esas definiciones en contextos nuevos, cada uno de esos elementos va adquiriendo un significado particular.

En tal sentido, una persona con un genuino interés por la filosofía nunca debería perder de vista aquella definición que Arthur Koestler esgrimiera de ella como "el abuso sistemático de un vocabulario específicamente diseñado para tal propósito."

**24.** No parece haber un término o una definición a la que cada filósofo no le haya aportado un significado particular. No debe resultar extraño, por lo tanto, que la función que un término o una definición cumpla en el entramado de una filosofía sea bastante relativa, que existan filosofías donde ciertos términos jueguen un papel fundamental y otras donde esos mismos términos casi no jueguen un papel.

**25.** Toda proposición tiene unos supuestos, unas condiciones para que pueda ser expresada y comprendida. Bien sea, unas condiciones materiales, como el aire o la tinta de las palabras con que la expresamos. Bien sea, unos supuestos lingüísticos, como la posibilidad de comprender las palabras que en ella se expresan y relacionan. De forma similar, toda reflexión filosófica se fundamenta en una serie de principios propiamente filosóficos que el filósofo supone como algo dado y evidente. En la medida que todo pensador intenta ser fiel a esos principios iniciales, no parece exagerado pensar que el destino o el desarrollo de una filosofía está determinado por esta situación inicial del pensador, por esa serie de principios que el pensador toma como evidentes.

**26.** No hay proposición filosófica que no tenga supuestos, toda proposición descansa sobre sus supuestos como el mar sobre la arena.

**27.** Puede decirse que existen dos formas fundamentales de criticar o de discutir los pensamientos de un filósofo. La primera consiste en criticar la posición de donde el filósofo parte, el origen de donde sus pensamientos brotan; la segunda, en tomar esa posición como válida y mostrar esos pensamientos en relación o en función de ella. La primera forma de crítica es la más difundida, es también la que parece tener menor relevancia.

Consiste en negar de entrada la posición del filósofo con el que se discute, en criticarlo porque sus reflexiones parten de unos principios y no de otros. Éste es el tipo de crítica que hacen, por lo general, los materialistas de los idealistas o los creyentes de los no creyentes. El otro tipo de crítica parece ser más rico, aunque se encuentra con mucha menor regularidad en la historia de la filosofía. Consiste en discutir los pensamientos de un filósofo, no desde una posición externa, sino tratando de simpatizar con aquellos principios que ha elegido como su base. Una forma de crítica que no sólo tolera la posición inicial de donde brotan los pensamientos de ese filósofo, sino que intenta mostrar que las decisiones filosóficas que ese pensador toma sólo tienen sentido si se las relacionan con esos primeros principios. Ya lo decía Borges: "Toda lectura implica una colaboración y casi una complicidad."[2]

**28.** Los músicos hindúes se niegan a tocar las notas claramente para que el oyente no confunda la música con las notas o con el sonido del instrumento. El razonamiento que se vislumbra en la actitud de estos músicos—que la música es algo que está más allá de las notas y los instrumentos—es el que debería aplicarse cada vez que se discuten las obras de un filósofo: los pensamientos de un filósofo no deben ser confundidos con una estructura o un sistema rígido, la dureza de las formas con que han sido expresados no debe alejarnos de su esencial fluidez.

El filósofo nunca se propone sustituir la fluidez de la experiencia por la rigidez de un sistema conceptual. El mundo es un lugar tan confuso que no hay hecho que no se beneficie de un poco de claridad, la reflexión filosófica no parece tener otro propósito que la búsqueda de ese poco de claridad. Ciertamente no se trata del mismo tipo de claridad que busca el científico: las diversas ciencias parecen siempre apuntar hacia los hechos

---

[2] Prólogo de *Para las seis cuerdas* en OC, 953.

particulares que conforman el mundo, incluso sus principios más generales parecen querer llevarnos al conocimiento de nuevos hechos y fenómenos—¿qué otra cosa quiere decir que esos principios generales tienen una capacidad predictiva?—Las explicaciones filosóficas no parecen querer predecir los hechos particulares, sino parecen querer aclarar, más bien, el conjunto de nuestras ideas.

# Nota sobre la poesía

E L ESFUERZO ES EL SIGNO DE TODO LO HUMANO. CAMINAR, AVENTURARSE POR un río o un paraje desconocido; abrir la puerta o escalar una montaña; todas nuestras actividades involucran un esfuerzo, desde las cotidianas que realizamos de forma tan seguida que ya no presentan problema alguno, hasta aquellas aventuras que exigen mucho más de nosotros.

Sin embargo, la diferencia entre los esfuerzos cotidianos y las aventuras no es una de naturaleza, sino más bien de costumbre, si subiésemos esa montaña o si anduviésemos por ese río todos los días, la dificultad desaparecería y comenzaríamos a sentirlas como actividades cotidianas: a un europeo le toma años de entrenamiento llegar al Himalaya, pero el Sherpa vive bastante cómodo entre esos picos nevados; un antropólogo siente la jungla como un ambiente extraño y peligroso, para el indígena, en cambio, nada hay más prosaico.[1] Existen, sin embargo, esfuerzos de otra índole, actividades que nunca llegan a ser cotidianas. Los misterios del amor y la amistad, el ejercicio de la virtud, la reflexión sobre el sentido de la existencia son experiencias de este tercer tipo y de las cuáles sentimos que no sabemos mucho más que el primero de todos los hombres.

---

[1] "Por la costumbre de nuestros ojos el espíritu se habitúa a las cosas, ya no se extraña de lo que ve a diario, no busca más las causas." (Cicerón, *De la naturaleza de los dioses*, II, 38)

A tal reino de actividades pertenece también la reflexión en torno a la poesía. Es precisamente este carácter de la pregunta por la labor poética, en conjunción con una mala compresión del conocimiento reflexivo, lo que ha dado pie al prejuicio, del cual todos en mayor o menor medida participamos, de que el conocimiento reflexivo y la práctica poética se contradicen entre sí y que, por lo tanto, intentar reflexionar en torno a la poesía es laborar en vano. Si consideramos la reflexión y el análisis como un proceso mediante el cual se busca ajustar la movilidad de lo real a un esquema conceptual preconcebido, entonces, creo que podemos estar de acuerdo con aquellos poetas que han desconfiado de la reflexión y del análisis. Pero el hombre que ha reflexionado en el sentido más profundo nunca se ha propuesto sustituir la fluidez de la experiencia por la rigidez de un sistema conceptual: al verdadero químico sólo le interesan los elementos que componen la tabla periódica en la medida que le permiten comprender las reacciones y mezclas que ocurren naturalmente a nuestro alrededor; al biólogo genuino sólo le interesa el comportamiento de las células en la medida que lo ayuda a comprender la totalidad de los procesos vitales. El mundo es un lugar tan confuso que no hay hecho que no se beneficie de un poco de claridad y reflexionar no tiene otro propósito que la búsqueda de esa claridad. Reflexionar sobre la poesía, por lo tanto, no equivale a buscar un sustituto conceptual o una normativa para la práctica poética, sino que debe ser entendido como una pregunta por los elementos que constituyen el fenómeno poético.

# 1

Planteada la reflexión sobre la poesía dentro de sus justos límites, sabiendo qué cabe y qué no cabe esperar de ella, se hace evidente, si nos mantenemos apegados al sentimiento poético, que la poesía no es algo que dependa del idioma, de la época, del tema o de la forma como está estructurada. Es cierto, todo poema depende de la existencia del lenguaje, pero el sentimiento poético no se deja encadenar a ningún idioma particular, él puede hablar a través de todas las lenguas. Puede conseguirse con tanta facilidad en los versos de Li-Po:

> La nueva amada
> es fascinante como una flor.
> Mas la antigua
> es tan preciosa como el jade.
> Liviana,
> la flor vacila con el viento;
> mientras el jade
> nunca se altera en su pureza.[2]

Como en los sonetos de Quevedo:

> En el mundo naciste, no a enmendarle,
> sino a vivirle, Clito, y padecerle;
> puedes siendo prudente conocerle,
> podrás si fueres bueno despreciarle.
>
> Tú debes como huésped habitarle
> y para el otro mundo disponerle;
> enemigo de l'alma, has de temerle,
> y, patria de tu cuerpo, tolerarle.[3]

Del mismo modo, todo poema establece necesariamente una conexión con el mundo, pero, en términos estrictamente poéticos, poco importa que ese mundo sea el del siglo VIII o el del XX, el de la cultura griega o el de la moderna, toda época tiene los materiales necesarios para que brote la experiencia poética. Es cierto también que todo poema toca un tema específico de una forma específica, pero no existen temas u objetos propiamente poéticos, un buen poema puede versar sobre cualquier cosa y tratarla de cualquier forma. Del mismo modo como podemos disfrutar de un poema que hable de un pasado épico, como cuando Kavafys canta la batalla de las Termópilas y el valor de los espartanos:

---

[2] "Melancolía" en *Eres tan bella como una flor, pero las nubes nos separan*, 49.
[3] "Contra los que quieren gobernar el mundo y viven sin gobierno" en *Antología poética*, 30.

Honor a aquellos que en sus vidas
custodian y defienden las Termópilas.
Sin apartarse nunca del deber;
justos y rectos en sus actos,
no exentos de piedad y compasión;
generosos cuando son ricos, y también
si son pobres, modestamente generosos,
cada uno según sus medios;
diciendo siempre la verdad,
mas sin guardar rencor a los que mienten.

Y más honor aún les es debido
a quienes prevén (y muchos prevén)
que Efialtes aparecerá finalmente
y pasarán los Persas.[4]

Podemos también deleitarnos con un poema que verse sobre lo cotidiano, como las líneas de Bertolt Brecht dedicadas al riego del jardín:

¡Oh el riego del jardín, reanimar el verde!
¡Dar agua a los árboles sedientos! Echa más de la que
/ se precise
y no olvides los arbustos, ni siquiera
los que no dan fruto, los de pobres
brotes. Y no te olvides,
entre las flores, de la mala hierba, que también
tiene sed. Ni riegues sólo
el césped fresco o sólo el abrasado;
refresca también la desnudez del suelo.[5]

Tenemos como primera característica de la poesía que, a diferencia de la mayoría de las cosas que conforman nuestra vida, el sentimiento poético parece evadir las particularidades lingüísticas, históricas, temáticas y formales de los poemas. Sin embargo, la constatación de este hecho no es suficiente para aclarar la naturaleza de la poesía, esta alusión a un elemento que podemos, a falta de un mejor nombre, llamar universal, no diferencia la poesía de las demás ramas del pensamiento humano. La filosofía, la religión y la ciencia parecen compartir esta referencia a un elemento que no se deja reducir a las circunstancias o condiciones históricas. Al igual que en el caso del sentimiento poético, ni el sentimiento

---

[4] "Termópilas" en *Poesías completas*, 19.
[5] "Sobre el riego del jardín" en *Más de cien poemas*, 293.

religioso, ni el razonamiento científico, ni la experiencia filosófica parecen poder ser reducidos a un idioma, a una época o a un tema específico.

Luego de estas reflexiones podría, quizás, pensarse que las diferencias entre estas diversas tendencias del pensamiento humano se deben a las diversas formas como expresan sus contenidos o a las diferentes disposiciones espirituales de los individuos que las practican; pero cuando volvemos la atención sobre el terreno de los hechos, tampoco parece que por este camino pudiésemos aclarar el panorama. Si se hace un recuento detallado de las formas que la religión, la ciencia, la poesía y la filosofía han tomado a lo largo del tiempo, sólo puede observarse que ninguna de estas disciplinas intelectuales ha estado restringida a una forma específica, sino que todas han cambiado o modificado su apariencia: existe tanta variabilidad y movilidad en la historia de las ciencias como en la de la literatura, las formas adoptadas por las creencias religiosas han sido tan diversas como las de la experiencia filosófica. Por otra parte, tampoco parece existir una diferencia fundamental entre las disposiciones psicológicas de los diversos hombres reflexivos, por el contrario, todos parecen esforzarse por ser fieles a la experiencia de aquello que se les muestra, todos tiemblan ante la posibilidad de traicionar o eludir los contenidos de esa experiencia.

## 2

De cuando en cuando conviene recordar que el mundo no es ni bueno ni bello por sí mismo. Si por un esfuerzo de la imaginación se sustrae la presencia de cualquier ser consciente, el mundo tal y como lo experimentamos a cada instante desaparece; las distinciones entre lo verdadero y lo falso, entre lo bello y lo feo, entre lo bueno y lo malo que son fundamentales en toda experiencia de la realidad, sólo pueden aparecer ante una conciencia. Que el mundo sea bueno o bello equivale, entonces, a decir que alguien lo siente y lo percibe de esa forma. Del mismo modo, el mundo no es poético hasta que alguien no lo sienta como poético, hasta que alguien no perciba ese matiz de lo real. La poesía como actividad humana se diferencia, precisamente, por esta forma particular de sentir el mundo, por esta perspectiva que adopta frente a la realidad. Lo que diferencia un texto poético es una intención, el poeta busca algo diferente de lo que buscan los demás hombres, exige algo distinto del mundo y es esta exigencia la que le brinda a la poesía su carácter específico.

Una perspectiva es una modificación de nuestra atención, un cambio en la forma de percibir las cosas y este cambio está siempre determinado por un interés. La realidad no presenta objetos que llaman la atención de los diversos sujetos, sino que la atención de los sujetos llama al objeto o, como lo dice Spinoza, "no deseamos algo porque es bueno, sino que es bueno porque lo deseamos." Este elemento humano, esta valoración y clasificación espontánea de la realidad es esencial en toda experiencia común y lo es, también, en toda experiencia poética, la poesía está ligada, tanto como cualquier otra actividad a un interés o a un valor humano. "El Arte—dice Coleridge—es la conciliadora entre la naturaleza y el hombre, constituye, por lo tanto, la capacidad de humanizar la naturaleza, de infundir los pensamientos y las pasiones del hombre en todo aquello que pueda llegar a ser objeto de contemplación."

Las características de la poesía dependerán, entonces, de este valor que es capaz de mostrarnos el lado poético de la realidad. Este valor no es otro que la belleza, ése es el interés que determina toda experiencia genuinamente poética, todos los demás elementos están en función de este valor primordial. La historia, los héroes, las mujeres y los hombres, las virtudes y los vicios, incluso la política, sólo llaman la atención del poeta en la medida en que pueden proporcionarle materiales para la belleza.

## 3

La belleza no es una abstracción, ella es, como cualquier otro placer, una experiencia concreta, algo que nos es dado como nos es dado un color o un dolor de muelas. Estamos caminando, levantamos la mirada y vemos el comienzo de la lluvia mientras los hombres, como abejas en una colmena, siguen ocupados en sus asuntos y, de repente, nos sentimos conmovidos. En cualquier lugar, a cualquier hora, recordamos con nostalgia un pasado lejano y, como por arte de magia, todo de repente cobra un sentido profundo y palpamos la continuidad entre ese pasado y ese presente. Abrimos un libro y damos con una página que parece estar dirigida a nosotros, que nos dice cosas que siempre hemos pensado, pero que no nos hemos atrevido a decir en voz alta y, en ese preciso instante, sentimos el vaivén de la belleza.

¿Qué es ese vaivén? ¿Qué es esa experiencia? La belleza es la totalidad del mundo concentrada en un solo instante. Todos sabemos que somos finitos, cada instante nos lo recuerda, sabemos que el mundo nos sobrepasa, que estaba antes de nosotros y que permanecerá luego de nuestro último lecho. Sabemos que no podemos abarcarlo todo, toda experiencia implica algo que dejamos de experimentar. Sin embargo, existen momentos donde la experiencia parece expandir sus límites, donde el momento expresa más de lo que usualmente expresa, donde un objeto es percibido como un símbolo, un signo o una marca de esa totalidad que comúnmente nos elude. El poeta es, entonces, aquél hombre que, al igual que el artista plástico, intenta captar esos momentos, pero que a diferencia de aquél intenta hacerlo a través del lenguaje.

# ANOTACIONES OCASIONALES SOBRE LA OCASIONALIDAD DE LA POESÍA

CONSTANTEMENTE ESCUCHO A LAS PERSONAS HABLAR COMO SI LAS OBRAS DE los poetas formaran parte de un gran proyecto, afirmando cosas como "éste autor intentó hacer poesía de esta forma o se planteó reformar o revolucionar la poesía de esta manera." Ser un poeta es, de acuerdo con esta forma de plantear las cosas, llevar a cabo un proyecto de gran envergadura y largo aliento y leer poesía, o hacer crítica literaria, no es más que juzgar a los poetas (y sus poemas) en función de estos supuestos proyectos que llevan o llevaron a cabo.

Entiendo que la noción de estándar o de canon resulta fundamental tanto para la realización como para la apreciación de toda obra literaria; juzgar, esto es, pronunciarse sobre si algo es bueno o malo, bello o feo, no es otra cosa que comparar un ítem con ciertos conocimientos que tenemos acerca de cómo deben ser los ítems de ese tipo.[1] Mi discusión con las personas que sostienen opiniones como las esquematizadas en el párrafo anterior es que se equivocan en la identificación del estándar. No es el proyecto personal de un poeta lo que constituye el canon con el cual juzgamos su obra, pues muchas veces un autor no tiene un proyecto como tal e, incluso cuando declara tenerlo, la manera como juzgamos su obra

---

[1] Antes del juicio estético está la cuestión, si se quiere epistemológica, del reconocimiento del tipo o la categoría a la que pertenece el ítem que se tiene en mente. Todo juicio estético supone una correcta clasificación de la realidad.

tiene poco que ver con ese proyecto. En primera instancia, para pronunciarnos sobre una obra no es menester tener un conocimiento profundo del autor, de hecho, la gente aprende a valorar o a despreciar las obras de los autores mucho antes de conocer su historia. Y en segunda instancia, lo cual es mucho más importante, porque cuando tenemos un poema en frente somos mucho más propensos a juzgarlo por lo que nos revela del mundo, o por la forma como lo describe, que por la forma como se conecta con las otras obras del autor.

Estas anotaciones no pretenden despreciar la disciplina y los esfuerzos que están detrás de cada poema, tampoco pretenden dejar la poesía en más manos del azar.[2] Ellas tratan, simplemente, de mostrar que el esfuerzo que un poeta vierte sobre su obra no es el único componente responsable de que la percibamos como bella o hermosa, sino que existen otros elementos que tienen mayor peso sobre nuestro juicio, elementos que forman parte de esa compleja red de eventos y relaciones que, quizá a falta de una mejor palabra, llamamos mundo.

Supongamos, por ejemplo, que hasta este momento hemos seguido la trayectoria literaria de un poeta, que hemos leído la mayoría de las obras que ha escrito y que, por lo tanto, estamos bastante familiarizados con su estilo. Supongamos, ahora, que este poeta escribe una obra que va en contra de todos los convencionalismos y hábitos que hemos aprendido a reconocer como su estilo ¿quiere decir esto que vamos necesariamente a juzgar esta obra de una forma negativa? Lo cierto es que esta pregunta no puede ser respondida de antemano y la cuestión permanece abierta.

Otro ejemplo, supongamos que somos unos grandes lectores de poesía, que tenemos un conocimiento de los grandes maestros, que somos capaces de reconocer un soneto y de distinguir entre una poema de Shakespeare y uno de Byron, entre uno de Quevedo y uno de Montejo. Supongamos, ahora, que aparece una nueva obra que cuestiona todo el

---

[2] "Ni quiero fomentar negligencias ni creo en una mística virtud de la frase torpe y del epíteto chabacano." (Jorge Luis Borges, "La supersticiosa ética del lector" en OC, *Discusión*, 204)

conocimiento que hemos acumulado acerca de la poesía, es más, que lleva el oficio poético en una dirección contraria a la que siempre hemos creído es la dirección de la poesía, ¿quiere decir esto que esa obra necesariamente nos va a desagradar o que la vamos a rechazar? No, definitivamente no, podría darse el caso de que, a pesar de todas las opiniones que hemos acumulado en torno a la poesía, lleguemos a reconocer bondades en esta obra, es más, es posible que cambiemos nuestros estándares en torno a lo que es y a lo que no es poesía para darle cabida a esta nueva obra que, en contra de todos los pronósticos, nos agrada.[3]

¿Por qué somos capaces de hacer esto? ¿Porque somos personas de pocas convicciones y pocos principios? No, somos capaces de hacer esto porque en el fondo reconocemos que un poema está fundamentalmente ligado a una ocasión y que es en función de esa ocasión que lo juzgamos. Lo que nos interesa cuando juzgamos un poema no es si cumple con los estándares que el poeta se puso a sí mismo, o si cumple con los estándares de lo que hemos venido a llamar poesía, sino si lo que se dice en el poema es lo apropiado para la ocasión que se describe, si la forma como el poeta describe la circunstancia es la forma adecuada de describirla, si la forma como juzga las acciones de las personas retratadas, es la forma adecuada de juzgarlas, si el significado que cree desentrañar de los hechos relatados es realmente el significado que debe extraerse de

---

[3] Mucho después de haber escrito estas notas di con este párrafo de Eliot: "Ningún poeta, ningún artista que practique algún arte, guarda su significado completo en sí mismo. La importancia que se le brinda y la forma como se le aprecie depende de la apreciación de su relación con los poetas y los artistas muertos. No se le puede valorar de forma aislada; debe colocársele, para contrastarlo y compararlo, entre los muertos. Hago este señalamiento como un principio de crítica estética y no sólo de crítica histórica. La necesidad de que se ajuste, de que sea coherente, no tiene un solo lado; lo que ocurre cuando una nueva obra de arte es creada es algo que le ocurre simultáneamente a todas las obras de arte que le han precedido. Los monumentos existentes conforman un orden ideal entre ellos, el cual es modificado con la introducción de la nueva (de la genuinamente nueva) obra de arte. El orden existente está completo antes de que llegue la nueva obra de arte; para que el orden persista, luego de la llegada de la novedad *todo* el orden existente debe ser alterado, aunque sea ligeramente; por lo que las relaciones, proporciones y valores de cada obra de arte hacia el todo terminan siendo reajustados y es a esto a lo que se llama conformidad entre lo viejo y lo nuevo." ("Tradition and the Individual Talent" en *Selected Prose of T.S. Eliot*, 38-39. La traducción es mía)

ellos o, más aún, si los hechos relatados realmente permiten que se les busque otro significado que vaya más allá del literal.

Son éstas el tipo de preguntas que animan al lector de poesía y es sólo después cuando comienza a preguntarse en torno a las relaciones entre el poema que tiene en frente y el resto de las obras del autor. Lo cierto del asunto es que la labor poética es algo mucho más ocasional de lo que comúnmente se piensa. Quizás esta conclusión no sorprenda a nadie, quizás resulte completamente evidente. Vale la pena señalar, sin embargo, que muchas veces la gente habla como si no lo fuera y que, en ocasiones, resulta necesario reafirmar lo obvio y demostrar lo evidente. Muchas veces lo sorpresivo resulta poco interesante.

## UNA MUY SUTIL DIFERENCIA

## 1

**1.** Existe una muy sutil diferencia entre los escritores y los que quieren a toda costa ser escritores, entre las personas que escriben y eventualmente llegan a ser escritores y las que se creen escritores y por eso escriben.

**2.** El deseo de ser un autor publicado es, muchas veces, un obstáculo para la práctica de la literatura.

**3.** La práctica de la literatura no otorga permisos para hablar sin sentido.

**4.** No sabemos para quién escribimos. Los que realmente nos leen no son nuestros amigos y los que son nuestros amigos realmente no nos leen. De esta paradoja surge toda literatura.

**5.** Un escritor inmaduro quiere, más que nada, que sus textos sean considerados inteligentes, perspicaces, innovadores, polémicos, llenos de actualidad, curiosos, interesantes. Pero lo que quiere un escritor maduro es pasar desapercibido, desea, ciertamente, que sus textos sean leídos, pero desea más aún que sea el mundo el que hable.

**6.** La amistad y la lectura son dos formas contrapuestas de conocer a una persona.

**7.** El arte expresa también a través de lo que no menciona, a través de lo que excluye, en el arte existen también relaciones sintagmáticas y paradigmáticas.

**8.** Existen dos clases muy distintas de lectores: el lector erudito y el lector egoísta. El primero lee siempre para otros; el segundo, para sí mismo. El erudito lee para luego decirles a otros (preferiblemente reunidos en un auditorio) que él ha leído tales y tales libros; el egoísta lee para ver si otros autores confirman sus observaciones. Los grandes pensadores han sido siempre lectores egoístas.

**9.** Hay dos formas básicas de citar, una, cuando citamos a un autor para exponer su punto de vista, otra, cuando lo citamos para exponer nuestro punto de vista. En la primera, el autor habla por nuestra boca; en la segunda, el autor habla por nosotros y su nombre es, de alguna forma, nuestro seudónimo.

## 2

**1.** Los personajes, los rostros, el ambiente, los colores, en fin, todos los detalles que aparecen en mis sueños son metáforas de mí mismo. Soy yo quien interpreta todos los papeles.

**2.** El interior y el exterior de una persona no son dos cosas distintas: la persona que piensa en silencio es la misma persona que escribe, el hombre que desea hacer una cosa es el mismo que la realiza.

**3.** Los hombres profundos saben que la apariencia lo es todo.

**4.** Al comienzo de su carrera todo gran actor presta su cuerpo y su voz para que se representen los personajes de las distintas obras, al final, los distintos personajes se prestan para que él se represente a sí mismo.

# 3

**1. Mundo:** el misterioso mundo que nos desgasta, el único mundo.

**2. Dialecto de las cosas:** lo hechos no gritan, pero tampoco callan, no revelan su secreto, pero tampoco lo ocultan.

**3. El falso problema de la inmanencia:** es como si un hombre tuviese una casa donde el jardín fuera igual a la sala, el cuarto igual a la calle.

**4. Lo que la historia nos dice:** lo que la historia nos dice es que incluso el sabio camina en penumbras a merced de la fortuna y que, a veces, el que toca el humilde corno sabe más que el que compuso la grandiosa obra.

# FRAGMENTOS

CUANDO NOS ACERCAMOS A UNA OBRA LO HACEMOS, LAS MÁS DE LAS VECES, con poco conocimiento del contexto en el que surge, esto no impide, sin embargo, que en ese mismo momento podamos reconocer su valor. Estoy convencido de que es sólo después de esta experiencia donde nos sentimos atraídos por una obra, que buscamos un conocimiento más detallado de la vida de su autor o del contexto histórico en el que le tocó desarrollarla. La erudición, sin tomar esta palabra en ningún sentido despectivo sino como el conocimiento acumulado sobre el espíritu de una época o de una cultura, es algo que se le agrega a esa experiencia del valor de una obra y que ciertamente tiende a enriquecerla, pero no es la causa de ese valor. Es decir, nos interesamos por los griegos y toda su cultura porque primero aprendimos a valorar a Aristóteles o a Platón, de la misma forma como, en el reino de la amistad, primero valoramos a una persona y luego nos interesamos por las vicisitudes de su biografía.

*

Me parece que el estudio de las grandes obras y de los grandes hombres que las forjaron cumple una función similar respecto a las relaciones que unen a un individuo con su entorno, a la que cumple el microscopio en química y biología o el telescopio en astronomía, es decir, esos hombres y esas obras magnifican las relaciones que unen a todo individuo con su entorno.

Es cierto, no todos los seres humanos son grandes hombres, pero, como quiera que sea, siempre me ha parecido que todos los grandes hombres son símbolos de nuestro propio actuar, *that they are somehow representative men as Emerson liked to call them.*

\*

Toda reflexión filosófica postula una visión general del universo: reflexionar sobre el lenguaje conduce a pensar sobre nuestra experiencia del mundo, sobre los múltiples problemas de la epistemología y de la ética, en fin, sobre los dilemas de la metafísica y de la ontología. Es cierto que existen problemas y temas filosóficos más o menos independientes entre sí, pero cada uno de estos temas es sólo una puerta por la que el filósofo genuino aspira a llegar al conocimiento filosófico general.

Si imaginamos que la filosofía es una ciudad, entonces, las distintas ramas del saber filosófico no serían otra cosa que las distintas calles que llevan al único centro de esa ciudad.

\*

A diferencia de lo que suele creerse, todo comienzo es confuso y es sólo en los grados superiores donde van definiéndose los contornos. El universo en sus primeros momentos no era más que materia homogénea e indiferenciada. Todo ser vivo, en sus primeras etapas de gestación, es sólo un cúmulo de células donde resulta imposible diferenciar las partes que luego conformaran al organismo adulto. No importa lo magnífico que sea hacia su desembocadura, un río comienza siempre en un pequeño lodazal.

No de otra forma ocurre en el plano del pensamiento. Toda idea comienza siempre de forma tímida, en su origen resulta difícil distinguirla de aquellas ideas que le preceden y es sólo después que ha transcurrido cierto tiempo que delimita un espacio propio en el pensamiento de los hombres.

\*

La innovación o la tradición no son los criterios que deben tenerse en cuenta a la hora de determinar la verdad o la falsedad de las múltiples afirmaciones que hacen los filósofos. Muchos de los pensamientos de Platón, Aristóteles, Tomas de Aquino, Descartes y Kant, por sólo mencionar los de algunos grandes filósofos, fueron novedosos cuando fueron formulados por primera vez, pero ahora ya no lo son y más bien forman parte de la tradición de la filosofía y, sin embargo, si todavía podemos reconocer que algunos de esos pensamientos son verdaderos es porque esa propiedad puede sobrevivir a los criterios cambiantes de la novedad y de la tradición.

La vanguardia o la historia son tan ajenas a la verdad como lo es el idioma en el que pueda ser expresada.

\*

Todo pensamiento tiene su trasfondo, pero para comprender un pensamiento no es necesario que ese trasfondo esté completamente claro, las más de las veces basta con tener alguna idea de él.

\*

El conocimiento es, en gran medida, un trato con las palabras, muchas veces esforzarse por conocer algo es un intento por captar las palabras correctas que nombran las distintas cosas que llaman nuestra atención.

Ahora bien, entre el lenguaje y las cosas pareciera existir, por lo menos, dos tipos de relaciones que no deberían confundirse: un primer tipo que está constituido por aquellas relaciones que se establecen entre una palabra (o una serie de palabras) y las cosas que los hombres designan con ella; y un segundo tipo de relaciones que se da entre las cosas de forma tal que ellas puedan ser aprehendidas por el entendimiento como un clase homogénea y que hace posible que los diversos sujetos puedan referirse a todas esas cosas con unas pocas palabras.

Resulta común afirmar que las relaciones que pertenecen al primer tipo son relaciones de índole convencional, que no hay ninguna conexión necesaria entre las palabras o las oraciones que los hombres utilizan y el grupo de cosas sobre las cuales quieren pronunciarse o de las cuales quieren decir algo. Sin embargo, no es menos común sostener que las relaciones que pertenecen al segundo tipo son relaciones necesarias o, por lo menos, menos proclives a ser afectadas por las decisiones de las comunidades y de los sujetos particulares.

Ha sido este segundo tipo de relaciones, y no el primero, el que ha ocasionado la perplejidad de los filósofos.

*

Conviene distinguir con mucha precisión entre aquellas facultades mediante las cuales los hombres toman conciencia de los colores, las temperaturas, las texturas, los sonidos, los sabores y los olores con todos sus posibles matices y sutilezas; y aquellas otras mediante las cuales son capaces de opinar, de emitir juicios o de explicar las diversas cosas que ocurren a su alrededor. Entre las primeras hay que contar no nada más los cinco sentidos (y el conjetural sexto sentido de las mujeres), sino también a la memoria y a la imaginación. No sólo se adquiere conciencia de los colores, las temperaturas, las texturas, los sabores y los olores por medio de las percepciones actuales, sino también cuando las recordamos o simplemente imaginamos.

\*

Tener opiniones o emitir juicios no son ocurrencias menos espontáneas que tener percepciones.

\*

Existe una diferencia fundamental entre enfrentar una serie de problemas filosóficos y enfrentar lo que un filósofo expone en sus obras, entre reflexionar sobre un problema y averiguar lo que un autor dice.

No estoy seguro de cuáles son los límites exactos entre estos tipos de enfrentamientos, tampoco de si son completamente independientes el uno del otro (aunque me inclino fuertemente a pensar que no lo son), pero de lo que sí estoy seguro es de que se razona de un modo distinto cuando lo que quiere averiguarse es qué fue lo que un autor dijo sobre algún aspecto y cuando lo que se quiere es dar una respuesta a un problema: a una persona que reflexiona en torno a un problema se le exigen (y también se le perdonan) cosas muy diferentes de las que se le exigen (o se le perdonan) a una persona que intenta establecer lo que una persona dijo o dejó de decir.

En el primer tipo de enfrentamiento el acento está puesto en plantear correctamente el problema, en determinar cuáles son sus verdaderas implicaciones y cuáles sus posibles respuestas; en el segundo, en cambio, lo relevante es descifrar lo que el autor ha dicho en sus obras en torno a un problema específico, determinar los matices y la fuerza con la que lo dice, el grado de convicción con el que lo expone.

Los procedimientos para llevar a buen puerto cada uno de estos esfuerzos intelectuales también son diferentes: para el segundo, se trata fundamentalmente de la lectura e interpretación de textos; para el primero, en cambio, de reflexionar sobre diversos aspectos del mundo.

*

A diferencia de la explicación de los fenómenos naturales donde puede afirmarse—aunque entiendo que la expresión muchas veces deba ser matizada—que el investigador se esmera por encontrar la causa de esos fenómenos, la comprensión de las obras filosóficas consiste en desentrañar o en descubrir su sentido. La diferencia no es nada más de terminología, las obras filosóficas no pueden ser consideradas como meros productos naturales o de fuerzas históricas, ellas son frutos del esfuerzo de un hombre, de un individuo y este hecho nunca debe pasar inadvertido. Desentrañar el sentido de una obra filosófica consiste, precisamente, en señalar o en descubrir sus conexiones con el horizonte de motivos y fines que dieron contenido a la vida de ese individuo que las realiza.

Una persona que se esfuerza por comprender la obra de un filósofo no busca entender ni las diversas ocurrencias físicas que concurren en la realización de esa obra (el proceso fisiológico de los movimientos de las manos y de los ojos, el complicado funcionamiento del cerebro) ni las circunstancias histórico culturales en la que esa obra surge (cuál era estadísticamente la opinión más común en la época en que ese autor escribió sobre el asunto acerca del cual le interesó escribir), sino que intenta descubrir aquello que motivó al autor para que produjera esa obra. En el caso de las obras filosóficas esto quiere decir que esa persona se esfuerza por develar los diversos problemas o asuntos sobre los que ellas versan.

Es cierto que, muchas veces por no decir todas, para poder determinar con precisión cuál es el asunto que le interesa a un filósofo es necesario contar con un conocimiento del contexto histórico en el cual surge su obra. Con estas observaciones no quiero dar a entender que niego este hecho. Lo que sí quiero destacar es que la comprensión de una obra no se reduce a la comprensión del contexto histórico en el cual surge, que se requiere algo más para poder afirmar que se comprende esa obra y que, de hecho, tener un conocimiento del contexto en el cual surge la obra no garantiza siempre su comprensión. No es para nada contradictorio imaginar a una persona que sea un especialista en la edad media y que, sin embargo, no comprenda la obra de Santo Tomás.

\*

Todo investigador, toda persona que tenga un interés genuino por descubrir la verdad de las cosas—ciertamente, no de todas las cosas, lo cual es imposible, sino de las cosas que por alguna u otra razón llaman su atención—debe partir de la suposición de que no hay misterio que no pueda resolverse, de que no hay acertijo que no tenga respuesta. No importa cuál sea la naturaleza del problema que le interese a un investigador, tiene que creer que ese problema es susceptible de ser resuelto.

Por supuesto, con esto no quiero decir que esa persona deba creer que ha resuelto el problema o, incluso, que sea él el único que pueda llegar a resolverlo, sino que debe creer que el problema puede, en principio, resolverse. Cualquier otra suposición es el comienzo, por no decir todo, el escepticismo.

\*

Toda investigación que pretenda aclarar algún aspecto de los procesos cognoscitivos debería tomar como punto de partida, la existencia o la ocurrencia de dos tipos de estados de ánimo: un primer tipo donde las cosas no se ven de una forma clara y donde el individuo no se siente del todo a gusto; y un segundo tipo donde parece no haber mayor problema, donde el individuo ya no encuentra ninguna razón para sentirse incómodo. Creo que no sería muy aventurado reservar el nombre de problema para el primer tipo de estado y el de resolución para el segundo. Ciertamente, cada uno de estos tipos de estados de ánimo agrupa, a su vez, una gran diversidad de estados, es decir, no todos los problemas son de la misma índole, no todas las resoluciones o respuestas a los problemas son iguales. Sin embargo, todos los problemas, desde los más épicos hasta los más triviales, vienen acompañados de una sensación desagradable, de un aspecto que nos deja insatisfechos.

Lo segundo que debería tomarse en cuenta es que todo proceso cognoscitivo, es decir, todo esfuerzo que tenga por fin conocer o comprender algo, está siempre limitado por estos dos tipos de momentos o de estados de ánimo. Un primer momento, donde se reconoce que algunas cosas (que por alguna razón u otra han llamado nuestra atención) no se comprenden del todo. Y un segundo momento, donde cree comprenderse esas cosas, donde ya no se encuentran motivos para sentirse ignorante.

Una de las funciones primordiales de una reflexión sobre el conocimiento debería ser aclarar cómo es que pasamos de un estado a otro o, dicho en otros términos, cómo es que en las diversas instancias logramos resolver problemas.

*

Hay momentos en los que tenemos una visión confusa de las cosas, en los que nos sentimos incómodos e insatisfechos con el cúmulo de conocimientos que tenemos acerca de las cosas. Hay otros momentos en los que juzgamos comprenderlas. Todo ser humano es capaz de experimentar este tipo de momentos, nadie es tan sabio como para no dudar, nadie tan ignorante como para desconocerlo todo. Todo proceso cognoscitivo, esto es, cualquier esfuerzo que alguien realice con el propósito de comprender algo, está limitado por estos dos tipos de

momentos. Un primer momento donde se reconoce que algunas cosas (un fenómeno natural, la obra de un autor o nuestros propios pensamientos) no se comprenden del todo. Y un segundo momento donde cree comprendérseles, donde ya no se encuentran motivos para dudar del conocimiento que se tiene acerca de ellas.

En teoría existen siempre motivos para dudar de nuestro conocimiento de las cosas (grandes filosofías se fundamentan sobre esta suposición), pero en la vida real esto no es así. En la vida real (es decir, aquella que comienza en las afueras de las obras de ciertos filósofos) no dudamos a propósito de nuestros conocimientos, es el mundo quien nos hace dudar, quien nos obliga a revisar nuestras opiniones. Una duda no ocasionada por el mundo es una duda ficticia, una pregunta retórica.[1]

*

Cuando conversamos con amigos, cuando leemos un texto, cuando nos enfrentamos a algún problema, cuando discutimos con nosotros mismos, no pasamos de la ignorancia absoluta a la certeza absoluta: ya sabíamos algo antes de comenzar y no lo sabremos todo una vez que terminemos. Cuando nos embarcamos en algunas de estas actividades ya contamos con una serie de opiniones que le brindan sentido a lo que estamos haciendo y que conforman, precisamente, la comprensión parcial, la visión confusa que tenemos y, cuando se habla de los supuestos o del contexto desde el cual se emprende alguna de estas actividades se hace referencia, precisamente, a este tipo de opiniones que preceden a nuestra participación en esa actividad.

*

---

[1] "La edad viril del pensamiento no la fijan ni la experiencia, ni los años, sino el encuentro con determinadas filosofías." (Gómez Dávila, *Escolios a un texto implícito*, § 345)

No son sólo difíciles de comprender las opiniones abiertamente insensatas, lo son también aquéllas que limitan con la insensatez.

*

Los términos que conforman el vocabulario filosófico tradicional, esto es, términos como "justicia", "valentía", "verdad", "cualidad" o "ser" no hacen referencia a entidades concretas, sino a aspectos demarcables o delimitables de una situación compleja. Fijar la atención sobre estos términos, tratarlos de entender, es sólo una manera de explorar una discusión o, mejor aún, un medio para comenzar a comprender un campo de investigación.

Ahora bien, estos términos tienen una doble referencia si se quiere. Primero remiten a un aspecto del mundo, segundo, a la forma como lo conciben o han concebido los hombres que se han detenido sobre ese aspecto. Dónde radica exactamente la línea que separa estas dos formas de referirse a un asunto es algo que no puede determinarse de antemano, es incluso posible que, como sostienen los pragmatistas, lo que se entiende por un aspecto del mundo no sea otra cosa que creencias acerca del mundo que han sido firmemente establecidas, pero lo importante es que esa línea siempre puede y debe trazarse.

*

Aclarar qué es lo que un filósofo entiende por un término o por una expresión no consiste nada más en captar, de manera general, a qué tipo de cosas hace referencia con ese término o con esa expresión, sino sobre todo en captar cómo concibe ese tipo de cosas. Comprender las expresiones de un filósofo consiste en ser capaces de especificar qué características les atribuía a las cosas a las que hacía referencia con esas expresiones.

\*

Toda actividad humana desarrolla su propia manera de hablar. Esta manera de hablar se identifica, en primera instancia, por su vocabulario, por los términos que utiliza. En segunda instancia, esta manera de hablar puede también ser reconocida por su sintaxis, esto es, por la forma como los hablantes combinan los términos. La filosofía como actividad humana ha generado su propia manera de hablar, una que no coincide con la forma ordinaria o común como se habla una lengua. Una forma de ver la historia de la filosofía consiste en verla como las variaciones que esa manera de hablar ha sufrido a través del tiempo.

\*

Todo autor va creando su propio vocabulario, va esculpiendo su propia terminología. De la gran cantidad de términos que conforman el vocabulario de su lengua, todo autor selecciona unos cuantos. Tanto es así que algunos autores, incluso, parecieran no sentirse cómodos hasta que no logran plantear en sus términos preferidos los diversos problemas a los que se enfrentan.

# Notas sobre la comprensión de una obra

Supongamos, por un momento, que entramos en una biblioteca donde nos esperan anaqueles llenos de libros. Supongamos, entonces, que comenzamos a ojear azarosamente los lomos de algunos de ellos, que encontramos uno que llama nuestra atención y que comenzamos a leerlo para descifrar el mensaje que encierra para nosotros. Este proceso es un ejemplo del fenómeno que llamamos comprensión, son también ejemplos de este fenómeno, la contemplación de una obra de arte, las explicaciones científicas, la conversación entre amigos, en fin, cualquier experiencia en la que nos esforzamos por encontrar el sentido de algo.

Existen momentos en los que no comprendemos o en los que tenemos una comprensión parcial y confusa de las cosas, existen otros en los que creemos comprenderlas correctamente. El proceso de lectura de un libro está enmarcado entre estos dos tipos de momentos, uno, donde ignoramos o no comprendemos el contenido del libro, como cuando lo abrimos por primera vez y, otro, donde creemos o juzgamos comprender ese contenido, como cuando hemos leído y reflexionado sobre él. Esto no quiere decir, sin embargo, que en la lectura de un libro pasamos de un momento de ignorancia absoluta a uno de certeza absoluta: ya sabíamos algo antes de comenzar su lectura y no lo sabremos todo una vez que la terminemos.

Cuando comenzamos a leer un libro hay siempre una serie de hechos que se dan por supuestos y que, en cierta forma, le brindan ya un sentido.

Por una parte, se sabe que el libro es una cosa con características particulares, que es un objeto físico regido por las mismas leyes que rigen ese tipo de objetos, que está hecho de papel, que alguien tuvo que escribirlo. Por otra parte, la persona que lo lee debe dominar el uso de un idioma y poder comunicarse a través del lenguaje escrito. De la misma forma, concluir su lectura no implica una comprensión correcta y, menos aún, una completa certeza sobre lo que ese libro nos dice, incluso, en el momento en que llegamos a pensar que hemos comprendido correctamente ese contenido, nada nos garantiza que esa interpretación a la que hemos arribado pueda perdurar en el tiempo.

Todo esto es cierto y, sin embargo, todavía es posible afirmar que la lectura de un libro nos lleva desde un momento de ignorancia a uno de mayor comprensión: si el dominio de un alfabeto bastara para la compresión de un libro, entonces, sería válido afirmar que comprendemos todos aquellos libros que han sido escritos usando nuestro alfabeto; si hablar un idioma fuera suficiente, sería posible afirmar que todo hispano parlante comprende el Quijote sin siquiera haberlo leído; si la presencia de un contexto cultural fuera la única condición necesaria, podríamos afirmar que toda persona es capaz de comprender todos los textos porque puede formarse alguna idea sobre ellos.

La compresión de una obra, por lo tanto, no es algo que está dado de antemano, sino, más bien, algo que se busca. El verdadero problema surge, sin embargo, cuando intentamos determinar qué es eso que se busca y, más aún, cómo sabemos que lo hemos encontrado.

La comprensión de una obra es un proceso con varios niveles o matices. Podemos, por ejemplo, comprender e interpretar correctamente una obra por sí sola; es posible tomar un libro, una novela o un ensayo y comprender lo que allí se nos dice sin conocer muy bien el contexto donde surge esa obra o sin relacionarla con el resto de las obras de su autor. Es decir, podemos comprender que la novela trata tales y tales temas, podemos, del mismo modo, reconocer que el tema del ensayo es la política o el teatro, podemos, también, seguir la argumentación del autor y darnos cuentas de las implicaciones de sus ideas. Pero este tipo de lectura sólo puede aportarnos una comprensión incompleta de una obra: una obra no dice explícitamente todo lo que puede decir, en una obra queda siempre algo por fuera.

Por esta razón, si lo que se busca es comprender una obra en su totalidad es necesario relacionarla con el pensamiento de su autor, es decir, es necesario que comparemos entre sí sus diversas obras, puesto que lo que una de ellas no nos proporciona, otra seguramente lo hace. Una forma de abordar el problema, quizá la más común, nos remite al autor: comprender una obra consiste en saber lo que el autor quiso expresar y equivale a comprender el significado que le ha dado a las palabras que ha puesto sobre el papel. Según esta postura, para poder comprender una obra, tendría que reconstruirse el contexto en el que el autor trabajó, habría que compararla con otras de sus obras, con los hechos de su biografía y, sobre todo, con el contexto histórico en el cual surge, pues su significado está enmarcado y determinado por todos estos elementos.

Sin embargo, esta forma de abordar el problema no parece la más correcta y si se la considera con detenimiento se verá que lleva a varios absurdos.[1] Si se sigue hasta sus últimas consecuencias, podrá afirmarse, entonces, que realmente sólo los grandes eruditos pueden comprender una obra, pero si nos remontamos a la experiencia de leer un texto, podemos afirmar que esto no es así. Las más de las veces, cuando nos acercamos a una obra, lo hacemos con poco conocimiento del contexto en el que surge, sin embargo, quién puede negar que luego de una lectura detallada realmente podemos comprender lo que esa obra nos dice. Cuando se analiza esta experiencia se hace patente que el conocimiento sobre el espíritu de la época o sobre la vida del autor es una serie de datos que se le agregan a la comprensión de una obra, pero que, estrictamente

---

[1] "It has all the vitality of error and all the tediousness of an old friend." (Oscar Wilde, "The Critic as Artist" en *The Complete Works of Oscar Wilde*, 1013).

hablando, esa serie de datos no pueden ser considerados como la causa de ella, sino que más bien parecen ser su efecto: sólo buscamos un conocimiento más detallado de la vida del autor, del contexto histórico-cultural en el que desarrolla su obra, cuando hemos comprendido la importancia que esa obra puede tener para nosotros.

Pero aparte de este problema que hemos mencionado, esta postura tiene también que enfrentarse a otro que, quizás, sea más difícil de responder: el contexto en el que surge la obra, y que parece brindarle su sentido, no puede reconstruirse del todo, no sólo porque las intenciones explícitas del autor no siempre constituyen el mejor material para interpretar su obra o porque los hechos verdaderamente relevantes para su formación no siempre quedan registrados, sino, principalmente, porque las épocas históricas son una reconstrucción posterior a los hechos que las conforman y se adaptan mejor a las valoraciones de la época que las formula que a los hechos que pretenden explicar.

Luego de estas críticas es necesario, entonces, volver a nuestra pregunta inicial: ¿qué significa comprender?, ¿cómo nos damos cuenta de que hemos comprendido correctamente un texto? Comprender no significa tratar de seguir los hilos que unen a una obra con el contexto en el que surge, sino que significa más bien introducirla en un contexto nuevo: el lector puede decir que comprende la obra cuando logra percibir que las cosas que ella registra, sin importar el número de siglos o de minutos que hayan transcurrido desde su culminación, todavía tienen vigencia, que todavía puede encontrarles un sentido entre la multiplicidad de cosas que aparecen en su mundo, y puede decirse que una obra es grande, precisamente, cuando ofrece esta posibilidad de ser retomada y revivida por cada nuevo lector. En este sentido, puede entenderse que exista una comprensión sin un conocimiento expreso del contexto en el que surge una obra dado que la obra es, hasta cierto punto, independiente del momento en que fue escrita, porque su significado o su sentido no está anclado a ese contexto, sino que le es dado en la medida que interactúa con cualquier contexto.

Ahora bien, una vez que se toma en cuenta el horizonte de una obra, se hará cada vez más patente una serie de ideas, temas o problemas recurrentes que son como el marco o los fundamentos que le dan coherencia al todo, incluso, puede ocurrir que lo que en nuestra primera lectura parecía ser un elemento accesorio pase a jugar un papel fundamental.

## COMPRENDER UNA OBRA

1 TODO PROCESO COGNOSCITIVO, TODO PROCESO EN EL QUE ALGUIEN SE ESfuerza por conocer o comprender algo, está limitado por dos momentos. Un primer momento donde se reconoce que algunas cosas, que por alguna razón u otra llaman la atención, no se conocen bien o no se comprenden del todo.[1] Y un segundo momento donde cree comprenderse esas cosas y donde ya no se encuentran motivos para dudar del conocimiento que se tiene acerca de ellas.[2]

La interpretación de una obra, es decir, cualquier esfuerzo que alguien realice con el propósito (¿explícito?) de comprender la producción de alguien, es un proceso determinado por este tipo de dinámica. Como ocurre con el resto de las cosas que tienen lugar en el mundo, las obras, las producciones de los hombres no siempre se muestran de una forma clara, muchas veces su sentido permanece confuso y el deseo por captar ese sentido, por hacer de él algo claro, es el fundamento o el sustrato del

---

[1] Este primer momento tiene sus matices, el grado de ignorancia que puede llegar a reconocerse va desde "una duda que carcome las entrañas" hasta momentos mucho menos épicos (que afortunadamente son la mayoría). En todo caso, se trata siempre del reconocimiento de un cierto tipo de incomodidad, de insatisfacción con el cúmulo de conocimientos que se tienen sobre una cosa.

[2] Obviamente me refiero a motivos genuinos para poner en duda el conocimiento de esas cosas. En teoría siempre pueden existir motivos para dudar (existen grandes filosofías que se fundamentan sobre esta afirmación), pero en la vida real esto no es así. No podemos dudar a propósito de nuestros conocimientos, es el mundo quien debe hacernos dudar, quien debe obligarnos a revisar nuestras opiniones. Una duda no ocasionada por el mundo es una duda ficticia.

que brota toda interpretación genuina, de la misma forma que es sólo cuando cree comprenderse ese sentido cuando se le pone punto final.

**2.** El sentido es aquello que distingue a las obras de cualquier otro tipo de fenómeno que tiene lugar en el mundo. Toda obra es un fenómeno en el mundo, una ocurrencia física, pero ninguna obra puede reducirse a ocurrencias puramente físicas. A diferencia de un hecho, un objeto o un fenómeno natural, una obra remite siempre a alguien, detrás de cada obra hay siempre un autor. Este autor se muestra, precisamente, en ese elemento intencional que siempre acompaña a las obras: si la inspiración o la ocasión que da lugar a una obra no es intencional (como tantas personas se complacen en repetir), su ejecución o su realización sí lo es; incluso, si la ejecución o realización de la obra se hace de manera automática (como cuando se realiza en un estado de trance, de éxtasis, bajo los efectos de alguna droga o en cualquier otro estado donde los "límites" del autor se vuelven difusos), la publicación o la exposición de esa obra sí es intencional.[3]

Es, precisamente, este elemento intencional lo que constituye el sentido de una obra y es este elemento el que un intérprete se esfuerza por desentrañar o comprender.

**3.** Toda obra es siempre fruto del esfuerzo reflexivo de alguien. En vez de haber dicho dicho esfuerzo reflexivo, podría haber dicho simplemente pensamiento de alguien, en la medida que todo pensamiento busca siempre su realización. Estas expresiones parecen apuntar hacia lo mismo: hacia ese proceso mediante el cual una persona organiza sus fuerzas en la consecución de algún fin o propósito. En este contexto, sin embargo, no debe entenderse por obra nada más una obra, en el sentido de una estructura material que ocupa un espacio y un tiempo

---

[3] El mármol no adquiere naturalmente la forma de una hermosa mujer, un cuadro no llega a una galería por azar, un manuscrito no se transporta solo a la imprenta.

determinado, como cuando se dice que una estatua o un cuadro es una obra, sino que habría también que entender por obra toda la producción de una persona. Desde esta perspectiva más general, una forma de pensar y de actuar constituye también una obra.

En este sentido, puede interpretarse una obra particular o la forma particular de pensar que se refleja en ella. Es cierto, pareciera que la interpretación de una obra particular es algo más concreto que la interpretación de esa forma de pensar, sin embargo, la interpretación de esta forma de pensar es algo más concreto que la interpretación de un fenómeno colectivo como una época histórica o un movimiento cultural.

**4.** He mencionado más arriba que toda obra es una ocurrencia física, siento que esto amerita ser aclarado un poco más. Los colores, las piedras y los metales, los sonidos, los movimientos corporales y las palabras son todos fenómenos físicos, ocurrencias que forman parte del mundo natural, pero constituyen también los materiales impersonales con los cuales les toca a los hombres labrar sus obras.

Ciertamente, todos estos materiales pueden llevar una carga afectiva o cultural, pero lo único que quiere darse a entender cuando se reconoce esto es que nunca se es completamente indiferente en la selección de los materiales de las obras.[4] Esto no quiere decir que esos elementos tengan un sentido en sí mimos, un sentido independiente de las obras de las que forman parte. Ninguno de estos materiales tiene un sentido determinado hasta que alguien no los utiliza para expresar algo concreto.

Es el sentido que el autor le imprime a los materiales que utiliza el que, precisamente, tendría que determinarse a la hora de realizar una

---

[4] "...los estoicos, cuando se les pregunta por qué nuestra alma elige entre dos cosas indiferentes, y de dónde viene que de un gran número de escudos cojamos uno antes que otro, siendo todos iguales y sin que haya razón alguna que nos lleve a cualquier preferencia, responden que ese movimiento del alma es extraordinario y desordenado, y que nace en nosotros por un impulso ajeno, accidental y fortuito. Sería mejor decir, paréceme, que no se nos ofrece cosa alguna en la que no exista cierta diferencia por liviana que sea; y que por la vista o por el tacto siempre hay algo que nos atrae, aunque sea imperceptiblemente." (Montaigne, *Ensayos*, II, 14)

interpretación de su obra. Una interpretación no debe centrarse en lo que ese autor expresó a su pesar o en los malentendidos a los que sus obras pueden dar lugar debido a las diversas cargas que traen consigo los materiales que utiliza, sino aquello que el autor se esforzó por expresar partiendo de esa carga.[5]

Cuando intenta desentrañarse el sentido de una obra lo primero que hay que tomar en cuenta es su particularidad, el hecho de que se trata de una obra distinta de todas las demás. En este sentido, la primera tentación que debe resistirse es la de disolverla o diluirla en generalidades en torno a la época en la que fue realizada, a la psicología de los grandes hombres, a las influencias o los motivos del autor. Debería recordarse, de manera constante y reiterada, que lo que realmente importa de una obra es que se trata de esa obra y no otra, que ella resulta irremplazable.

Desde esta perspectiva, una de las labores fundamentales al interpretar una obra debe ser destacar esa particularidad. Digo una de las labores y no la labor fundamental, porque resulta también legítimo preguntarse por lo que hay de común entre esta obra y otras (por ejemplo, de su época, de una época anterior, de una posterior, etc.) No existen acontecimientos completamente aislados, a todo hecho puede encontrársele relaciones, conexiones o parentescos. En este sentido, la interpretación de una obra podría tomar dos direcciones diferentes, una, al intentar señalar su particularidad, la otra, al intentar señalar sus conexiones con otras obras u otros eventos. Lo que conviene tener siempre presente es que se trata de dos formas distintas de aproximársele, dos formas que cuentan con sus propios criterios y exigencias, por lo que aquello que puede resultar relevante desde un punto de vista no resulta necesariamente relevante desde el otro.

---

[5] Si quiere ponerse en términos más llanos: una interpretación debe intentar exponer aquello por lo cual ese autor sintió que esa obra merecía ser publicada y no adjudicada al olvido.

**5.** Desentrañar el sentido de una obra puede entenderse de dos formas distintas. Por una parte, cuando se busca el sentido de una obra, lo que trata de determinarse es qué fue lo que el autor de esa obra quiso expresar o, lo que es lo mismo, precisar el sentido de sus acciones, movimientos, trazos o palabras. Por otra parte, muchas veces lo que se quiere saber es si lo que ese autor quiso expresar tiene sentido o, mejor dicho, si es posible estar de acuerdo con el autor o si puede aceptarse lo que propone. La primera de estas formas equivale a comprender la obra, la segunda a juzgarla.

Aunque estos dos procedimientos no pueden separarse de una manera tajante. Conviene recordar que es sólo después de intentar ver qué fue lo que el autor se esforzó en comunicar que puede juzgarse si lo que quiso decir tiene o no sentido, si es verdadero o falso, si es coherente o contradictorio.

**6.** Un supuesto es una opinión sobre algo que se ha adquirido antes del o paralelamente al encuentro con esa obra que quiere interpretarse y que, por lo tanto, sirve para desentrañar su sentido.

Un supuesto puede ser una opinión o un juicio sobre el mundo o alguno de sus aspectos (sobre cómo está compuesto, sobre cómo funciona, sobre sus mecanismos, etc.) Puede también tener la forma de una creencia religiosa, política, ética o estética. Estas opiniones o creencias no tienen por qué ser necesariamente estables, tampoco tienen que tomarse como opiniones absolutamente verdaderas, ellas pueden ser revisadas y modificadas en cualquier momento, incluso a la luz de la obra que ayudan a interpretar. Tampoco tienen por qué ser conscientes, no tiene por qué saberse que se las tiene ni es necesario saber cómo se ha llegado a ellas. Para que una opinión sirva como supuesto de una interpretación sólo hace falta tenerla, ciertamente resulta más provechoso tener opiniones relacionadas con la obra, pero la presencia de este tipo de opiniones no es absolutamente necesaria.[6]

La idea de una interpretación originaria, en el sentido de una interpretación que no parte de supuestos, es una quimera.

**7.** Un supuesto nunca se muestra aislado, sino que viene siempre acompañado de otros supuestos. El contexto desde el cual se interpreta una obra no es más que el conjunto de supuestos que el intérprete ha acumulado y que le ayudan a comprenderla. Ese conjunto no es necesariamente ordenado o sistemático. Puede llegar a serlo (en cierto sentido, ése sería el propósito último de toda reflexión), sin embargo, nunca pareciera llegar a una forma definitiva o última en el sentido de un contexto inmodificable. Nunca puede hacerse un catálogo completo de las opiniones que se tienen.

No existe una interpretación final. La idea de una interpretación tan perfecta que no permita más interpretaciones y que agote la obra que interpreta es también una quimera, una creencia no menos peligrosa que la de una interpretación originaria.

---

[6] Esto es, precisamente, lo que la mentalidad del especialista nunca quiere reconocer.

## OBSERVACIONES ESCRITAS DETRÁS DE UNA REVISTA DE CULTURA

LOS ESCRITORES QUE EXPLAYAN SUS PENSAMIENTOS EN MUCHAS PÁGINAS PROducen (quizás sin saberlo) una especie de efecto manada: cada una de sus páginas se beneficia de pertenecer a un gran rebaño, ya que, el lector, en la medida que se siente abrumado con tantas páginas, es más benevolente con los errores o defectos que consiga en cada una de ellas, suponiendo que en muchas de las otras páginas que constituyen esa gran manada se reparan esos defectos o tiene virtudes que los cancelan.

\*

Exponer un pensamiento en muchas páginas es imprimirle un efecto difuminado. Kant (por no decir nada de Hegel) difuminaba su pensamiento.

\*

El escritor que se resigna a escribir aforismos es como el guepardo que tiene sólo una oportunidad para cazar a su presa.

\*

Pero ¿qué es esto de manadas, rebaños y guepardos cazadores? ¿es que acaso la filosofía es una especie de cacería que se lleva a cabo en una sabana africana?

# DE LA SENSATEZ

EL ASUNTO SOBRE EL CUAL ME PROPONGO REFLEXIONAR EN ESTAS LÍNEAS NO es nada de otro mundo, aunque sí es algo sobre lo que la gran mayoría de las personas parece tener nociones confusas. Sobre lo que me interesa hablar no es otra cosa que aquello que nos hace decir de una persona que es una persona sensata, podría, entonces, expresar el propósito de estas líneas diciendo que me interesa apuntar algunas cosas (obviamente de una naturaleza muy general) en torno a lo que se entiende por un hombre sensato o por un hombre razonable.

Ciertamente este asunto puede ser llamado de las maneras más diversas. Por ejemplo, las expresiones "sentido común" y "temperamento equilibrado" son quizás las formas menos técnicas, mientras que algunas expresiones que involucran los términos "justicia", "razón" o "prudencia" parecen ser las más solemnes. Pero he preferido usar el término "sensatez" y sus expresiones derivadas porque me parecen que son las más precisas: las que involucran al término "justicia" tiene demasiadas connotaciones morales y jurídicas, aquéllas que incluyen los términos "prudencia" o "razón" tienen demasiadas connotaciones filosóficas, mientras que las expresiones "sentido común" y "temperamento equilibrado" son usadas de una forma tan idiosincrática y poco precisa por la gran mayoría de hispano parlantes, que es preferible dejarlas de lado a la hora de reflexionar sobriamente sobre este asunto.[1]

Ahora bien, aunque es algo que resulta tan obvio que no parece necesario tener que destacarlo, lo primero que debe recordarse, al internarse por estos territorios, es que el término "sensatez" es siempre un término de elogio, uno que se utiliza para señalar una característica que se considera digna de estima. Lo primero que debería preguntarse es, entonces, qué es lo que se elogia de una persona cuando se reconoce su sensatez, qué es aquello que es considerado digno de estima en la conducta del hombre sensato.

Planteado el asunto desde esta perspectiva, una cosa parece quedar al descubierto: los adjetivos "sensato" e "insensato" no se utilizan para evaluar ni las facultades perceptivas ni los sentimientos de una persona, sino para decir algo acerca de su entendimiento. A pesar de que cuando se les señala que un hombre es sensato, las personas, las más de las veces, no cuentan con una noción muy clara de qué les han querido decir, resulta importante notar que nunca confunden lo que se les dice ni con un elogio de la vista, del oído o del olfato de la persona en cuestión ni con un elogio de sus capacidades para discriminar entre sus diversos sentimientos. Esto es tan así que en esas ocasiones en las que, para hablar de la sensatez de un hombre, se dice que tiene un buen olfato o que cuenta con una gran visión, las personas son siempre capaces de reconocer el sentido metafórico con el que en esos momentos se usan tales expresiones.

Pero señalar que la sensatez es una cualidad o, mejor dicho, una virtud que se asocia con el entendimiento, no debe llevar a pensar que ella se reduce a un grupo de opiniones que, de alguna manera u otra, todos los hombres sensatos comparten. Al principio puede sonar un poco paradójico, pero la verdad es que a la hora de pronunciarnos en torno a la sensatez o insensatez de una persona no tomamos como único criterio sus

---

[1] Cuando hablo de las expresiones derivadas del término "sensatez" me refiero: primero, a las expresiones donde aparecen los adjetivos "sensato" y "sensata", y segundo, a aquéllas donde aparecen el sustantivo "insensatez" y sus correspondientes adjetivos.

opiniones. Para que esto se vea con mayor claridad, basta con recordar que es posible concebir que dos hombres tengan opiniones completamente diferentes y, sin embargo, que lleguemos a pensar que ambos son sensatos; de la misma forma, es posible imaginar el caso contrario, dos personas que tengan exactamente las mismas opiniones, pero que lleguemos a considerar que solamente una de ellas es una persona sensata.

No me tomen a mal, la noción de sensatez tiene estrechas relaciones con la noción de conocimiento. Naturalmente se piensa que un hombre sensato es también un hombre que busca y sostiene opiniones verdaderas en torno a las diversas cosas que le interesan o, dicho de otra forma, nunca se piensa que una persona que se muestre incapaz de distinguir entre una opinión verdadera y una falsa pueda llegar a ser considerada sensata. Sin embargo, la noción de sensatez y la noción de conocimiento no son equivalentes y no siempre van de la mano, personas sumamente letradas o eruditas pueden llegar a ser consideradas insensatas con la misma facilidad con la que personas con un bajo nivel de instrucción pueden llegar a ser vistas como sensatas.

La razón de que esto sea así es que no utilizamos el término "sensatez" para hacer referencia a un conocimiento especial que sólo ciertos hombres afortunados son capaces de alcanzar, sino a una actitud, a una disposición que ciertos hombres cuidadosos asumen frente a las diversas opiniones (filosóficas, científicas, políticas o religiosas) que están al alcance de cualquiera. El hombre que consideramos sensato no sabe algo que aquél que consideramos insensato no sepa o que, por lo menos, no pueda llegar a saber. Es cierto que existe una gran diferencia entre ambos, pero esta diferencia no es del mismo tipo que la que existe entre la persona que tiene un doctorado en física y aquella que ni siquiera sabe quién fue Newton o entre el experto en arte medieval y el que ignora que hubo una edad media.

Esta actitud que llamamos sensatez parece descansar sobre dos pilares fundamentales: primero, sobre el reconocimiento de que cada opinión tienen unos límites; segundo, sobre el reconocimiento del carácter fundamental que revisten ciertas opiniones.

La primera característica que se observa del hombre sensato es su capacidad para sopesar los diversos hechos y las diversas opiniones con las que se encuentra en cualquier momento dado, para ubicarse en cualquier circunstancia, para discriminar correctamente los hechos y estimar acertadamente las opiniones y los argumentos. El hombre sensato no es aquél que nada más presta atención a ciertos hechos, que conoce los postulados de una teoría o que se muestra capaz de reconocer la verdad de ciertas opiniones, sino que es aquél que sabe aplicar esos postulados o esas opiniones en ocasiones concretas y que sabe, también, cuándo éstas han llegado a su límite, cuándo no aplican o cuándo las situaciones las han sobrepasado.[2]

La segunda característica que se observa del hombre sensato enlaza la noción de sensatez con la vida cotidiana. La sensatez no es una virtud que los hombres exhiben en tanto especialistas, sino que es una virtud que tiene que ver con el ámbito de la vida común compartida por todos los seres humanos. Las teorías cosmológicas de un astrofísico, las conclusiones que un químico extrajo de su experimento más reciente, los poemas que un autor dejó escritos o las experiencias que un místico relata en sus confesiones no deben ser valoradas o apreciadas en términos de su sensatez o insensatez, sino en función de los cánones y criterios propios de cada una de estas disciplinas. El problema de la sensatez o de la insensatez surge en la medida que los resultados de la ciencia, los versos del poeta o las meditaciones del místico interactúan con el mundo cotidiano, en la medida que apoyan o entran en conflicto con aquellas

---

[2] Mucho después de haber escrito estas líneas di con esta espléndida formulación de Gómez Dávila: "Tener sentido común es presentir en cada caso concreto las limitaciones pertinentes del intelecto." (*Escolios a un texto implícito*, § 1576)

opiniones que determinan nuestro tratamiento cotidiano con el mundo, como, por ejemplo, que el mundo existe y puede ser conocido o que los hombres son libres y, por lo tanto, responsables de sus acciones.

En una primera instancia, entonces, ser sensato significa la disposición de reconocer cuándo resulta legítimo sostener una opinión y cuándo el mundo la deja sin efecto; pero en una segunda instancia, significa tomar conciencia del carácter fundamental que revisten ciertas opiniones para nuestro desempeño en el mundo y, podría añadir, significa tomar conciencia de lo necesario que resulta defender esas opiniones de aquellos que, con ínfulas de sofisticación o de extravagancia, constantemente se dedican a ponerlas en duda.

Una vez dichas estas cosas, quisiera culminar este escrito considerando una pregunta que, según creo, surge naturalmente de estas consideraciones: ¿en qué sentido estas reflexiones pueden ayudar a que nos desenvolvamos con mayor facilidad en la vida cotidiana?, ¿en qué sentido ellas mejoran el panorama de una persona que vive en Venezuela en el 2007?

Aunque encontrar la respuesta a esta pregunta sea una tarea difícil, creo que desde ya resulta legítimo advertir dos cosas. Primero, que no existe una manera fácil de aplicar lo dicho a los casos concretos que encontramos en la vida cotidiana. A pesar de estar convencido de la verdad de lo que he dicho en torno a la sensatez, no creo que ello permita hacer una cartografía de los hombres que haga posible saber de antemano quién es un hombre sensato y quién no lo es. Las situaciones humanas son tan complejas que cualquier persona que pretenda establecer un criterio fijo que le ayude a transitar con toda seguridad por estos territorios, está simplemente engañándose.

Segundo, que de alguna manera se sigue de lo anterior, que el tipo de consideraciones que aparece en este escrito sólo puede arrojar dividendos sobre la agradable labor de considerar las cosas con paciencia y minuciosamente. Al pronunciarnos en torno a la sensatez de una persona estamos juzgando su conducta o, por lo menos, uno de sus aspectos, y para que nuestros juicios sean equilibrados y correctos resulta de vital importancia saber distinguir o discriminar con precisión cuál es el aspecto de toda la conducta de ese individuo sobre el que nos interesa pronunciarnos.[3] Creo que sobre este esfuerzo lo que he dicho en torno a la sensatez, a pesar de ser de una naturaleza demasiado general, no puede dejar de ser fructífero.

Por otra parte, por qué elogiamos a las personas sensatas y por qué sentimos que tenemos derecho a censurar a los hombres insensatos, por qué valoramos la sensatez y consideramos importante ser personas sensatas, son preguntas que ciertamente pueden formularse y que a los grandes entusiastas (políticos o religiosos) les encanta formular. Pero no puedo dejar de pensar que hay algo pueril en ellas. Quizás reconocerlas como preguntas sinsentido, como preguntas que realmente no pueden ser respondidas y que por lo tanto no vale la pena plantear, sea el verdadero comienzo de la sabiduría.

---

[3] "Estamos todos hechos de retazos y somos de constitución tan informe y diversa, que cada pieza, a cada momento, desempeña su papel. Y existe tanta diferencia entre uno y uno mismo, como entre uno y los demás... Puesto que la ambición puede enseñar a los hombres el valor, la templanza, la liberalidad e incluso la justicia; puesto que la avaricia puede inspirar en el corazón de una hortera, criado en la sombra y en la ociosidad, la resolución de lanzarse tan lejos del hogar doméstico, a merced de las olas y de un Neptuno airado, en una frágil embarcación, y enseña también discreción y prudencia; y puesto que incluso Venus proporciona firmeza y osadía a la juventud sometida aún a la disciplina y a la vara, y arma el tierno corazón de las doncellas que aún están en el regazo materno... no es propio de sentados juicios el juzgarnos simplemente por nuestros actos externos; es preciso sondear hasta el fondo y ver qué resortes producen el movimiento; mas como es azarosa y elevada la empresa, desearía que menos gentes se lanzaran a ella." (Montaigne, *Ensayos*, II, 1)

## SENSUS COMMUNIS

SUPONER QUE LA GENTE TIENE UNA FORMA DE PENSAR, ESTO ES, QUE comparte un conjunto de opiniones que se estructura de manera análoga a como se estructuran las opiniones de un filósofo constituye, quizás, uno de los principales errores que se cometen al momento de hacer filosofía y, vista con cierta perspectiva, tal suposición no se muestra menos alocada o injustificada que la de suponer que las cosas o los hechos se amoldan a un plan análogo al de un novelista.

\*

La expresión "sentido común" no hace referencia a un sistema o, mejor dicho, a un conjunto de opiniones ordenadas de acuerdo a un plan o a un programa previamente trazado. Obviamente, la expresión hace referencia al pensamiento de la gente común, pero la expresión en sí misma no ayuda a comprender cómo debe ser concebido ese pensamiento.

Quizás las dificultades que se encuentran cuando se reflexiona sobre este asunto tengan que ver con que la forma de pensar de la gente común no constituye una forma particular de pensar, esto es, una que tenga unos criterios previamente establecidos o que puedan ser hechos explícitos y esquematizados. Lo único que parecieran tener en común las distintas formas de pensar del hombre común es, precisamente, este carácter no técnico, esta falta de especialización. El pensamiento de la calle no responde a los parámetros y a las exigencias de ninguna disciplina particular, por lo tanto, constituye un grave error suponer que el hombre común cuenta con una filosofía. Este sentido común se ha conformado con materiales provenientes de las más diversas fuentes, básicamente, con cualquier opinión que por diversos motivos ha traspasado las paredes de las disciplinas especializadas. En pocas palabras, el sentido común está constituido por aquellas opiniones que han traspasado las paredes de los laboratorios del físico, el químico y el biólogo, de los templos del hombre religioso, de las bibliotecas del filósofo y del hombre de letras y que, por las más diversas razones, han encontrado un terreno fértil en la vía pública.

Cuidémonos, sin embargo, de considerar como un defecto esta falta de sistematicidad del pensamiento del hombre común.

\*

Alcanzar la sabiduría no equivale a alcanzar la certeza absoluta, equivale más bien a encontrar un equilibrio entre los distintos niveles de incertidumbre. A veces no es posible conocer la verdad de las cosas, un hombre sabio es aquél que puede reconocer estos momentos y que puede, también, convivir con ellos:

> Algunas cosas, aunque ciertas, fueron consideradas falsas por generaciones. Como quiera que el valor de lo correcto puede ser reconocido después de siglos, no hay necesidad de anhelar una apreciación inmediata. Vive con sentido y deja los resultados a la gran ley del universo. Pasa cada día en apacible contemplación.[1]

Reconocer el valor de lo llano y desconfiar de lo solemne parecieran ser sinónimo de sabiduría.

---

[1] Palabras de Zengetsu, maestro zen de la dinastía T'ang, recogidas en *Nada sagrado*, 79-80.

## SOBRE LOS TEXTOS RECOGIDOS EN EL PRESENTE VOLUMEN

"Elogio de los sofistas" es un texto que data del año 2002, una versión más reducida de la que aquí aparece vio la luz en el diario *Tal Cual* del 20 de febrero de 2011.

"Aspectos filosóficos en la obra de Jorge Luis Borges" apareció publicado por primera vez en el 2004 en una edición de Ediplus Producción. De igual forma, algunos fragmentos correspondientes al capítulo titulado "La obra, la imagen del mundo y el personaje" aparecieron publicados en el diario *Tal Cual* del 17 de abril de 2011 bajo el título "Impresiones en torno a la labor de un artista".

"El esfuerzo metafísico" fue una ponencia leída en Caracas, en noviembre del 2003, en el marco de las *VIII Jornadas de Investigación de la Facultad de Humanidades y Educación* de la Universidad Central de Venezuela.

"En torno al problema de la filosofía" fue una ponencia leída en Lima, en enero de 2004, en el marco del *XV Congreso Interamericano de Filosofía* y del *VIII Congreso Iberoamericano de Filosofía* que tuvo lugar en la Universidad Pontificia del Perú. Algunos años después apareció publicada en *ITER-Humanitas*, n° 12 (2010): 97–105.

"La escuela y la filosofía" fue un texto leído con ocasión del acto de bienvenida a los nuevos alumnos que ingresaron en la Escuela de Filosofía, de la Universidad Central de Venezuela, en el segundo semestre del 2004.

"Nota sobre la poesía" fue una ponencia leída, en octubre de 2004, en el *Encuentro Internacional de Poesía* organizado por la Universidad de Carabobo, luego apareció publicada en *ITER-Humanitas*, n° 14 (2010): 179–185.

"Sobre los límites de la filosofía" es un texto del 2005 que aparece publicado, por primera vez, en *ITER-Humanitas*, n° 13 (2010): 151–160.

"Comprender una obra" es un texto que data del 2005 que, al igual que el anterior, vino a ser publicado un par de años después en *ITER-Humanitas*, n° 14, (2010): 173–178.

"De la sensatez" artículo publicado en *Veintiuno*, n° 17 (2007): 45–46.

# BIBLIOGRAFÍA GENERAL

Bergson, H. *El pensamiento y lo moviente*. Madrid: Espasa-Calpe, 1976.

Boas, F. *Primitive art*. Nueva York: Dover, 1950.

Borges, J.L. *Borges el memorioso: conversaciones de Jorge Luis Borges con Antonio Carrizo*. México D.F.: Fondo de Cultura Económica, 1986.

———. *Borges oral*. Madrid: Alianza, 1998.

———. *El libro de arena*. Buenos Aires: Emecé, 1997.

———. *Obra poética*. Buenos Aires: Emecé, 1998.

———. *Obras completas*. Buenos Aires: Emecé, 1981.

———. *Siete noches*. México D.F.: Fondo de Cultura Económica, 1999.

———. *This Craft of Verse*. Cambridge: Harvard University, 2000.

Brccht, B. *Más de cien poemas*. Madrid: Hipcrión, 1998.

Eliot, T.S. *Selected Prose of T.S. Eliot*. Londres: Faber & Faber, 1975.

Emerson, R.W. *Essays & Lectures*. Nueva York: The Library of America, 1987.

Gathmann, A. (comp.) *Nada sagrado*. Caracas: Garbizu & Todtmann, 1976.

Goethe, J.W. *Conversations of Goethe with Johann Peter Eckermann*. Nueva York: Da Capo, 1998.

Gómez Dávila, N. *Escolios a un texto implícito: Selección*. Bogotá: Villegas, 2001.

James, W. *The Principles of Psychology*. 2 tomos. Nueva York: Dover, 1950.

———. *Writings 1902–1910*. Nueva York: The Library of America, 1996.

Kavafys, K. *Poesías completas*. . Madrid: Hiperión, 1997.

Kristeller, P.O. "Philosophy and its Historiography." *The Journal of Philosophy* 82, N° 11, (1985) 618–625.

Lichtenberg, G.C. *Aforismos*. México D.F.: Fondo de Cultura Económica, 1995.

Li-Po. *Eres tan bella como una flor, pero las nubes nos separan*. Madrid: Grijalbo-Mondadori, 1999.

Melero Bellido, A. (ed.) *Sofistas: Testimonios y fragmentos*. Madrid: Planeta-DeAgostini, 1.997.

Montaigne, M. *Ensayos*. 3 tomos. Madrid: Cátedra, 2006. 5.ª edición.

Nietzsche, F. *El ocaso de los ídolos*. Barcelona: Tusquets, 1983. 4.ª edición.

———. *La ciencia jovial*. Caracas: Monte Ávila, 1.992. 2da edición.

Nuño, J. *La filosofía de Borges*. México D.F.: Fondo de Cultura Económica, 1987.

Quevedo, F. *Antología poética*. Madrid: Edaf, 2007.
Schopenhauer, A. *The World as Will and Representation*. 2 tomos. Nueva York: Dover, 1969.
Séneca, L.A. *Cartas morales a Lucilio*, II tomos. Barcelona: Orbis, 1984.
Sucre, G. *Borges el poeta*. Caracas: Monte Ávila, 1974. 2.ª edición.
Wilde, O. *The Complete Works of Oscar Wilde*. Londres: Perennial Library, 1989.
Yurman, F. *Lo mudo, lo callado*. Valencia: El Caimán Ilustrado, 2000.

# ÍNDICE DE NOMBRES

## NIKOLA KRESTONOSICH CELIS

Licenciado en Filosofía por la Universidad Central de Venezuela y Máster en Filosofía por la Universidad Simón Bolívar y la Universidad Católica de Lovaina. Ha impartido clases en las áreas de filosofía del lenguaje, historia de la filosofía moderna, filosofía política y filosofía de la historia en la Universidad Central de Venezuela, en la Universidad Simón Bolívar, en el Seminario Arquidiocesano Santa Rosa de Lima y en la Universidad Católica Andrés Bello. Algunos de sus trabajos han aparecido publicados en *Episteme*, *Apuntes filosóficos*, *ITER Humanitas*, *Veintiuno* y en el diario *Tal Cual*. Además, ha publicado dos poemarios (*Ejercicios*, 2003 y *La espera es un deporte sangriento*, 2014) y una monografía sobre la obra de Jorge Luis Borges (*Aspectos filosóficos en la obra de Jorge Luis Borges*, 2004).

www.ingramcontent.com/pod-product-compliance
Lightning Source LLC
Chambersburg PA
CBHW082245310526
45795CB00015B/2938